LAURA CASADO

Vive, ES UN REGALO APASIONANTE

EL OBJETIVO:
CREAR LA VIDA QUE DESEAS TENER, DESCUBRIENDO TU POTENCIAL Y DIRIGIENDO CORRECTAMENTE TUS EMOCIONES.

TE REGALO ESTE LIBRO: _____

PORQUE TU VIDA ME IMPORTA Y DESEO QUE SEAS MUY FELIZ.

FIRMADO: _____

LAURA CASADO

Vive, ES UN REGALO APASIONANTE

Un **VIAJE FASCINANTE** hacia el **INTERIOR DE TU MENTE**, crea una mentalidad entusiasta ante la **VIDA**

Nota a los lectores: Esta publicación contiene las opiniones e ideas de su autor. Su intención es ofrecer material útil e informativo sobre el tema tratado. Las estrategias señaladas en este libro pueden no ser apropiadas para todos los individuos y no se garantiza que produzca ningún resultado en particular. Este libro se vende bajo el supuesto de que ni el autor, ni el editor, ni la imprenta se dedican a prestar asesoría o servicios profesionales legales, financieros, de contaduría, psicología u otros. El lector deberá consultar a un profesional capacitado antes de adoptar las sugerencias de este, la integridad de la información o referencias incluidas aquí. Tanto el autor, como el editor, la imprenta y todas las partes implicadas en el diseño de portada y distribución, niegan específicamente cualquier responsabilidad por obligaciones, pérdidas o riesgos, personales o de otro tipo, en que se incurra como consecuencia, directa o indirecta, del uso y aplicación de cualquier contenido del libro.

Este libro no podrá ser reproducido, ni total ni parcialmente, sin previo permiso escrito del autor. Todos los derechos reservados.

Título: *VIVE, ES UN REGALO APASIONANTE*
© 2019, Laura Casado

Autoedición y Diseño: 2019, Laura Casado

Primera edición: noviembre de 2019
ISBN-13: 978-84-18098-33-8
Depósito legal: TF 1042-2019

La publicación de esta obra puede estar sujeta a futuras correcciones y ampliaciones por parte del autor, así como son de su responsabilidad las opiniones que en ella se exponen.

Quedan prohibidas, dentro de los límites establecidos por la ley y bajo las prevenciones legalmente previstas, la reproducción total o parcial de esta obra por cualquier medio o procedimiento, ya sea electrónico o mecánico, el tratamiento informático, el alquiler o cualquier forma de cesión de la obra sin autorización escrita de los titulares de copyright.

ÍNDICE

PARA TI, AMADO LECTOR: 11
MI HISTORIA 12

PRIMERA PARTE: DESCUBRE TU POTENCIAL 15
   1. ¿QUIÉN ERES? 17
   2. TU MARAVILLOSA MENTE 21
   3. ¡QUÉ PERFECCIÓN DE SENTIDOS! 25
   4. ¿EN QUÉ ENCHUFE ESTÁS CONECTADO? 29
   5. EL MOTOR DE TU VEHÍCULO 33
   6. TU GPS 35
   7. TUS CENTROS ENERGÉTICOS 39
   8. ENCONTRANDO TUS COORDENADAS 43
   9. REVISANDO POTENCIA 47
  10. RECARGANDO PILAS 51

SEGUNDA PARTE: DIRIGE TUS EMOCIONES 57
  11. ¿QUIÉN DIRIGE ESTO? 59
  12. EL PODER DE LA EMOCIÓN 61
  13. ¿DE DÓNDE VIENEN LOS PENSAMIENTOS? 65
  14. ¿POR QUÉ TE SIENTES TRISTE? 67
  15. IDENTIFICANDO MENSAJES DESTRUCTIVOS 71
  16. DESNUDO 75
  17. ¿LAS EMOCIONES ENFERMAN? 79
  18. LA IMAGEN QUE PROYECTAS 83
  19. EL ARTE DE LA INTERPRETACIÓN 87
  20. NECESITAS RECONOCIMIENTO 91
  21. ENCONTRANDO TU VERDAD 95
  22. ¿Quién TE DIJERON QUE ERAS? 99

23. ¿Quién DECIDES SER? 103
24. LAS EMOCIONES OCULTAS. 107
25. ¿INSENSIBLE? 111
26. EL PODER DEL PERDÓN. 115
27. LIMPIEZA PROFUNDA. 119
28. ENTRENAMIENTO DIARIO 123
29. DEBILIDADES HUMANAS 127
30. UTILIZA TU SUPERPODER 131
31. RESPIRA. 135
32. LIBÉRATE DE ATADURAS. 139
33. CAMINA LIBREMENTE. 143

TERCERA PARTE: CREA TU VIDA 147
  34. SONRÍELE A LA VIDA 149
  35. NI MÁS NI MENOS. 153
  36. DEPENDE DE TI 155
  37. EL AHORA 159
  38. NADA ES TAN IMPORTANTE. 163
  39. SIMPLIFICA 167
  40. LEVANTA TUS OJOS 171
  41. ES UNA OPORTUNIDAD ÚNICA 175
  42. VALIENTE JUGADOR 179
  43. EL DUEÑO DE TU FUTURO. 183
  44. SOÑANDO SE VIVE MEJOR 187
  45. NUEVO PROGRAMA 191
  46. ES TU DERECHO. 195
  47. CUMPLE TUS METAS 197
  48. DISFRUTA TU VIAJE 201
  49. DECORA TU CAMINO 203
  50. QUÉ BONITO ES VIVIR 207

AGRADECIMIENTOS 215
LAÍN GARCÍA CALVO. 217

"Cuando te haces dueño de tus pensamientos y consigues conquistar tus emociones es realmente el comienzo de la vida que te mereces vivir".

Laura Casado

PARA TI, AMADO LECTOR:

Es un libro muy liberador y práctico, escrito para ti con la intención más verdadera de ayudarte y guiarte para que puedas entender tu mente y el potencial que alberga.

Que puedas visualizar de manera fácil cómo funciona tu mente y la capacidad de modificar todo lo que está a tu alrededor con una buena programación.

En el primer libro de la saga ¡**Ámate eres único y especial!** era primordial que aprendieras a amarte y darte el valor que mereces. Que despertaras a la verdad de quién eres. El segundo libro, *Cuídate eres obra de arte,* se enfoca en ayudarte a coger hábitos saludables con terapias efectivas para cuidar tus tres cuerpos: mental, energético y físico.

Una vez que eres consciente de tu valía y tienes herramientas para cuidarte correctamente quiero ayudarte con este libro a mejorar tu mentalidad para que seas el dueño de tu presente y futuro, con la capacidad suficiente de dirigir tus grandes sistemas y vivir la vida con ilusión y entusiasmo.

Es fascinante conocer tu mente y programarla correctamente, despertarte cada día con unos objetivos claros y con ilusión por vivir y experimentar.

Comencemos este viaje apasionante…

MI HISTORIA

Soy Laura Casado, una lectora y escritora voraz desde muy temprana edad, apasionada de la vida y con una decisión muy clara de ser feliz ayudando a los demás.

Estudié y me preparé durante muchos años en el sector de la belleza y el cuidado personal, tenía clara mi vocación desde pequeña, compartir conocimientos y estar en contacto con las demás personas haciendo el trabajo que más amo.

Gracias a mi profesión como Formadora en Estética he podido compartir, experimentar y aprender de personas de muchas culturas, países y enriquecerme de todas ellas.

Siempre me gustó la psicología humana, leer y estudiar libros que me revelaran el porqué de cosas que no entendía o no me podían explicar de manera lógica, tenía una necesidad enorme por aprender y crecer interiormente.

Muchos fueron los autores, mentores y libros que llegaron a mí y de los que me he nutrido a lo largo de los años sobre temas muy diversos, pero todos enfocados al crecimiento y a la evolución del ser humano en todos sus ámbitos.

Pero, sin duda, lo que más me ha hecho valorar la vida y aprender, han sido mis desafíos, mis errores, las faltas de amor hacia mí misma. Todas las situaciones menos buenas que he vivido han sido mis grandes aprendizajes y los impulsores de mi búsqueda hacia la felicidad.

Mi intención es mostrarte el gran potencial que tienes, enseñarte a programar correctamente tu mente para vivir en el lado positivo y constructivo de la vida.

Es necesario que durante la lectura de este libro te permitas meditar la información que te aporto, aunque sean conceptos nuevos o raros para ti. Son técnicas comprobadas en bastantes personas de mi alrededor, en mi trabajo diario y en mí misma, que han dado resultados increíbles.

Espero que bajo tu criterio consigas absorber la información que sea más valiosa para ti.

Con mi mejor deseo de que te sea útil y provechoso, empecemos...

PRIMERA PARTE:

DESCUBRE TU POTENCIAL

1.

¿QUIÉN ERES?

"Yo soy un eslabón de la cadena de los hombres, que debo transmitir a mis descendientes la vida que yo mismo he recibido de mis padres y que no me pertenece".

Dr. Raymond Jonhson

Difícil respuesta que requiere reflexión. Quién eres realmente y no quién quieres aparentar o quieren otros que seas.

Dirigir correctamente tu vida requiere de un alto compromiso contigo mismo y es fundamental saber realmente quién es el ser auténtico que habita dentro de ti.

En muchas ocasiones olvidas quién eres en realidad y esto te hace perder el rumbo, caes en el error de pensar que eres uno más y poco merecedor de cosas buenas o, por el contrario, un ser superior que se merece más que nadie, tiene mil derechos y ningún deber hacia la vida.

Empiezas a buscar el significado de tu existencia e intentas mostrarte a los demás con un personaje inventado que has confeccionado para adaptarte a tu entorno.

Idolatras a otros o tienes necesidad de que te idolatren porque aún no conoces el valor inmenso que posees.

Es magnífico cuando reconoces realmente quién eres, un ser humano con unas cualidades únicas, lleno de atributos especiales al igual que cualquier otra persona que te rodea.

Humano con una mente maravillosa, un vehículo precioso y muchas debilidades.

¿Acaso piensas que existen super humanos con fuerzas de otro planeta y con sangre de otro color?

Todos, todos, todos tienen un sistema interior igual al tuyo, con unas necesidades básicas idénticas y una mente de poder increíble.

No es posible ser menos ni tampoco ser más que otro. Lo que nos diferencia es la gestión mental que hagas, cómo decidas vivir tu experiencia en la tierra y en qué enfoques tu energía.

Se te dieron atributos especiales y es tu misión desarrollarte en ellos para obtener una vida completa y sentirte realizado.

Lo que diferencia a un artista que ves en la televisión o a un chico que lo observa desde el sillón de casa es la decisión que un día tomó de realizarse en lo que más le gustaba y dejar de hacer otras cosas para llevar a cabo su deseo. Se focalizó totalmente en ello y obtuvo su recompensa.

Es simple, el otro aún está pensando a qué poder dedicarse o aún ni lo piensa, se deja llevar por la inercia, vive en la realidad que un día decidió y se acomoda diciéndose a sí mismo que es la vida que le tocó.

Aun tocándote un vehículo estropeado, no te queda otra opción que intentar repararlo y mantenerlo óptimo para que te funcione, con un único propósito, poder vivir y realizarte en esta oportunidad de vida.

De qué te sirve vivir pensando en las taras de tu cuerpo y dejar de experimentar las experiencias que se te brindan, da igual el tiempo que te dejen o te permitan aquí en la tierra, nadie lo sabe, ni siquiera el que tiene aspecto más saludable, así que aprovecha un día, 5 años o 50 que vivas.

Siempre me inspiró la gran mente de Stephen Hawking, tuvo clara la decisión que tomó, a pesar de que su vehículo se estropeara, él siguió aprovechando la vida buscando los recursos que se lo permitieran. Podía haber decidido morir en ese momento y, sin embargo, decidió vivir aceptando el cuerpo que habitaba y sacándole máximo rendimiento a su potencial mental.

Con 21 años se le diagnosticó esclerosis lateral amiotrófica (ELA), enfermedad que se le fue agravando con el paso de los años. No obstante, ha sido la persona más longeva con esta enfermedad, vivió 55 años cuando la esperanza media de vida es de 14 años.

Su caso resulta "fascinante" y desconcertante para los neurólogos. Evidentemente tomó la decisión de cuidarse y desarrollarse en su máximo potencial, comenzó una dieta que se basaba principalmente en retirar el gluten, el azúcar y los alimentos refinados, además de otras prácticas que le mantuvieran lo más saludable posible por más años.

Se dedicó a estudiar matemática aplicada, física teórica y física cuántica, ha sido galardonado en muchas ocasiones y ha conseguido un éxito increíble con sus teorías. Además, se casó varias veces y tuvo 3 hijos.

"Cuando las expectativas se reducen a cero, uno aprecia realmente todo lo que tiene".

Stephen Hawking

¡Guau!, lo tenía clarísimo, no iba a desperdiciar ni un segundo que le permitieran. Es claramente un ejemplo de buena gestión mental.

Si tu mente te da excusas y te ves víctima de la vida, sal de ahí, te quedan muchas cosas por hacer y vivir.

Vayamos a conocerla más detenidamente…

"Eres un ser humano con unas capacidades increíbles, solo falta que decidas cómo vas a aprovechar esta oportunidad de vida.

Tienes una mente poderosa, utilízala a tu favor".

Laura Casado

2.

TU MARAVILLOSA MENTE

"¿Quién preside esto?
¿Quién mantiene esto?
¿Quién, sin actuar, empuja y hace funcionar esto?".

Chuang Tsé

Sin mente no eres nada, con mente lo eres todo. Es tal cual, es la parte fundamental para ser o hacer, es mística, veloz y poderosa.

Es el conjunto de capacidades y procesos como la percepción, el pensamiento, la conciencia, la memoria, la imaginación, etc.

Un increíble sistema que lo procesa todo y que alberga una inmensidad de conocimientos.

Es necesario conocer bien cómo trabaja y cómo puede ser dirigida. Tiene implantadas unas órdenes precisas que trabajan a la perfección sin fallo posible. El problema viene cuando las órdenes que recibió no han sido las correctas.

La mente principalmente se divide en tres:

- Mente consciente
- Mente subconsciente
- Mente supraconsciente

Los hábitos que por repetición realizas o los mensajes que te dices un número determinado de veces, quedan instaurados en la mente subconsciente. Esta los procesa sin previa autorización porque entiende que es la orden que recibió como válida y que debe repetir.

Son los actos que realizas a diario sin esfuerzo, los mecanismos que utilizas de respuesta rápida o las formas de actuar desde el impulso. Todo esto se retroalimenta a través de tu mente subconsciente.

Cuando actúas desde la mente consciente es cuando tomas decisiones reflexionadas, te percibes en el segundo actual y estas observando lo que te rodea aquí y ahora. El 90 % de tu tiempo permaneces actuando desde tu subconsciente.

Por esto es importante cuando no te sientes feliz o estás en desacuerdo con la vida que estás llevando, al replantearte en tu mente consciente qué está sucediendo, sin darte cuenta, estás operando en modo subconsciente y evidentemente las ordenes que tiene y con las que estas tomando tus decisiones diarias no son las más adecuadas.

Solo tu mente consciente conseguirá corregir estos hábitos y enviarle mensajes de reseteo y mejora a tu subconsciente.

Debes entender esto muy bien porque aquí está la clave para poder cambiar la realidad que tienes si no es la que deseas.

Te pondré un ejemplo: realizas un trabajo que te permite vivir correctamente, con las necesidades básicas cubiertas, tienes una rutina establecida seguramente subconsciente, la realizas sin esfuerzo porque forma parte de lo normal para ti, pero sientes que falta algo más para ser feliz.

Entonces comienzas a buscar qué está mal o qué te hace mal en tu vida para que no consigas encontrarte realizado. Pero buscas en el exterior y no te das cuenta de que lo que no anda bien está dentro de ti, no depende en absoluto del exterior ni de los demás, sino de lo que te cuenta tu subconsciente de ti mismo.

Cuando te haces consciente de ello o, lo que es lo mismo, operas en la mente consciente y reflexionas, es cuando consigues mejorar todas las áreas de tu vida. Porque mejoras las órdenes subconscientes y empiezas a decidir correctamente cómo vivir tu vida, con quién compartirla y qué trabajo realizar que te haga sentir súper feliz o simplemente disfrutar del que ya haces.

Cambiar creencias erróneas o mensajes subconscientes te llevará tiempo y esfuerzo, pues tienes que ser muy constante y utilizar la repetición diaria.

Existen teorías que consideran que la formación de un hábito y, por tanto, la creación de nuevas neuronas, tarda entre 21 y 66 días. La realidad es que depende de la insistencia, la perseverancia y el interés por mantener el hábito realizándose para conseguir instaurarlo correctamente, que ya no te suponga esfuerzo llevarlo a cabo y lo mejor de todo, consigas cambiar el rumbo y dirigirte hacia tu paraíso en la tierra.

Cuando descubres que, aunque hayas hecho cosas o tomado decisiones erróneas, puedes cambiarlo todo dentro de ti y construir una nueva vida basada en nuevas creencias constructivas y positivas, es cuando recuperas la fe en la vida.

"Tienes una mente maravillosa capaz de restaurar hábitos erróneos y crear nuevas creencias más constructivas para tener una vida fascinante".

LAURA CASADO

3.

¡QUÉ PERFECCIÓN DE SENTIDOS!

"El arte y la vida son uno".
François Cheng

La información que recibe tu mente del exterior es a través de tus cinco sentidos, es por ellos que sabes si hace calor o frío, si un alimento es sano o está en mal estado según el olor que desprende, si un camino puede ser más fiable o menos por la iluminación y el aspecto que tiene, si se acerca algo ruidoso hacia ti o hay paz y tranquilidad alrededor y si algo sabe mal o está exquisito.

Son tus sensores, tus espías, los que se encargan en todo momento de estar alerta ante todo lo que acontece a tu alrededor, te proporcionan los más grandes placeres y se preocupan por tu supervivencia.

Son entrenados y disciplinados, trabajan siempre y muy solidariamente entre ellos, si te falta alguno de ellos se ponen de acuerdo para cubrir tus necesidades y amplían su capacidad, como en el caso de las personas ciegas o con falta de visión que agudizan el oído para protegerse y experimentar el exterior.

De esto forma una parte fundamental la calidad de información que percibes y que permites recibir.

Tu mente es la directora de operaciones y ellos los espías que se infiltran por todo lugar para recibir

información valiosa para darte bienestar, protección y crecimiento.

Realizan un análisis sensorial insustituible por ninguna máquina de la actualidad, es el instrumento de medición con mayor sensibilidad y poder sensitivo que existe.

¿No te parece increíble su perfección y labor?

Es uno de tantos agradecimientos de los que debes ser consciente y utilizarlos a tu favor. Has de enviarlos a recibir información constructiva que te permita crecer y evolucionar, pues operan a tus órdenes.

Tienes que ser consciente de que captan la información del exterior y esta es transformada por tu sistema mental. La realidad será descrita de forma muy diferente según la mente que dirige.

Tu sistema perceptivo es, seguramente, el más complejo en su conjunto de todos los animales. Es el gran salvavidas que te ha permitido llegar hasta aquí.

De no haber sido por nuestros sentidos, nuestra especie se habría extinguido hace miles de años, pues si no hubiésemos tenido la capacidad de distinguir por ejemplo un gusto amargo o un mal olor proveniente de una fruta o planta venenosa, no hubiéramos sobrevivido.

Tienes unos grandes receptores que siendo bien dirigidos pueden facilitarte una vida espectacular y muy bien aprovechada.

> "Tus sentidos son tus mayores aliados, tú diriges, tienes que enviarlos a recibir información valiosa y constructiva para ti".
>
> Laura Casado

4.

¿EN QUÉ ENCHUFE ESTÁS CONECTADO?

"La gran plenitud es como el vacío; entonces es inagotable".

Lao Tsé

Se habla mucho de energías y para muchos es casi una palabra mística de algunos "raros". Es curioso que lo que no entendemos o se sale de nuestro aprendizaje actual lo etiquetamos de raro o de falso sin darnos la oportunidad de averiguar de qué se trata.

Es necesario para tu crecimiento permitirte conocer y aprender nuevos conocimientos fuera de tu círculo habitual, es una evidencia científica el hecho de que somos energía y todo lo que nos rodea también.

No tiene que ver con cosas espirituales o místicas, hoy en día si profundizas en este tema verás que hay una ciencia creada hace muchos años y en la que se sigue investigando qué hay más allá de la materia que vemos.

Se llama física cuántica y es una ciencia que estudia de qué está compuesta cada partícula de los átomos, de tus células, si se sigue ampliando la materia de la que estamos compuestos se determina que somos energía compuesta de electrones y protones, y más allá de estos se encuentra la partícula más pequeña encontrada llamada "cuanto" en latín *quantum*.

La física cuántica estudia e investiga cómo reaccionan los protones, electrones o *quantum* a diferentes estímulos.

Hay experimentos científicos realizados en varias universidades, el más conocido se llama "experimento de la doble rendija" y se ha realizado por numerosos científicos de la historia desde 1973. Se ha continuado investigando con este experimento y ampliando conocimientos hasta la actualidad. Indican que el electrón o protón es afectable al ojo humano. De tal forma que responde a un patrón de conducta distinto dependiendo del ojo humano que lo observe.

Dicho de otra manera, eres energía condensada, con protones y electrones afectables a la persona que te pueda observar y el sentimiento que produzca hacia ti.

¿No te parece increíble poderle dar respuesta a tantos fenómenos que te han podido ocurrir a lo largo de tu vida?

A tantos porqués, cuando te has podido encontrar mal de repente y sin explicación o cuando te has visto afectado positivamente por energías provenientes de otras personas, etc.

Aquí tienes una respuesta científica, eres energía concentrada, modificable y afectable por otras energías, al igual que puedes afectar positivamente o negativamente a otras.

Pero no te intranquilices, hay buenas noticias y estudios que corroboran que tu mente consciente tiene la capacidad de limpiar y reiniciar tu energía cuando eres consciente del mal que te aqueja, en el caso de que seas afectado negativamente. Tienes el control total sobre tu energía y puedes transformarla en positiva con solo dar la orden correcta y utilizando una simple terapia del color o utilizando técnicas que te explico en el anterior libro, *Cuídate eres obra de arte*.

Tienes que hacerte consciente del gran poder que posees y de la gran responsabilidad que eso implica.

Es vital cuando conoces estos principios energéticos utilizarlos para el bien. Es mi intención contártelos para ayudarte a evolucionar, pero si los utilizas negativamente, actuarán en tu contra. Recuerda que existen unos principios universales donde la onda energética que emitas a los demás es recibida por la red energética a la que estamos todos conectados y te devolverá tu mensaje como si se tratara de una petición obteniendo más de lo que transmites.

Si no lo crees, basta con observar y verás que sucede tal cual, es científico y real.

Si generas sentimientos positivos hacia los demás no pararás de recibir cosas, experiencias y situaciones fantásticas. Por el contrario, si emites una onda energética negativa cargada de malos sentimientos, estos vendrán sin piedad hacia ti, atendiendo lo que cree que son peticiones por tu parte.

"Si te hago daño la herida se volverá contra mí".

Steve DeMasco, maestro Kung Fu

Tienes que ampliar horizontes mentales y reconocer tu grandeza, va mucho más allá de lo que ves, recuerda que el oxígeno no se ve y te permite la vida.

Te mantienes conectado a una red universal energética al igual que un electrodoméstico está conectado por un enchufe a la electricidad.

Esa es de la fuente de la que te alimentas para funcionar y obviar esta realidad es vivir negando quién eres.

"Perteneces a una red energética universal, estás conectado a ella y es fundamental reconocer el potencial energético que hay dentro de ti".

LAURA CASADO

Sigamos conociendo tu potencial….

5.

EL MOTOR DE TU VEHÍCULO

"Sabed que el corazón se comunica con el corazón en secreto".
Maestro Dogen

¿Quién impulsa tu cuerpo físico?

¿Quién te mantiene con vida?

Tu gran motor de bombeo, tu corazón, un gran órgano físico que desde que empiezas a formarte en el útero materno empieza a bombear permitiéndote la vida hasta el último segundo que deja de latir.

De incansable constancia y con un gran misterio a su alrededor, pues siempre ha sido relacionado con el amor.

Ya es sabido que, además de ser el motor de bombeo del torrente sanguíneo, es el encargado de generar un impulso electromagnético producido por un sentimiento previo, este impulso sale al exterior en forma de ondas energéticas cargadas de un contenido y mensaje que sale al exterior.

Todos los mitos que había acerca del corazón relacionándolo con los sentimientos, es una realidad científica.

¿No te parece increíble?

Es poderoso, además de mantenerte con vida, es el que te comunica con la red universal.

Por tanto, es de vital importancia que los sentimientos que produces sean los necesarios para generar buenas situaciones en tu vida.

¿Eres consciente de que no puedes fingir al sistema universal?

Tienes que operar desde tu autenticidad, si lo que dices no es cierto, no produces el tipo de energía necesaria para obtener una vida espectacular.

Tienes que trabajar el control de tus pensamientos, estos originan las emociones y tu corazón se encarga de comunicarlo al exterior.

Parece simple, pero es una tarea compleja, pues requiere de entrenamiento mental diario.

Todos tenemos millones de pensamientos diarios y no todos de buena calidad. Ello dependerá del tipo de pensamientos que te permites tener y de cuáles autorices o no.

Como siempre, tú tienes el control sobre ti mismo.

"¡Tu corazón comunica la verdad de lo que sientes al exterior!

Debes escoger bien los pensamientos para ser dueño de las emociones que generas y con ello transmitir el mensaje correcto para obtener una vida espectacular".

Laura Casado

6.

TU GPS

"Dediquémonos a reconocer el carácter tan precioso de cada jornada".

XIV Dalai-Lama

Eres un sistema tan preciso que llevas incorporado en la mente un GPS que te ayuda a localizar fácilmente las cosas, los lugares o los tipos de personas que le programes.

Sí, así de loco como suena, este sistema de rastreo y filtración se llama S.A.R. (sistema de activación reticular) y es una región amplia de tu cerebro que incluye a la formación reticular y sus conexiones, se compone de varios circuitos de neuronas que conectan con el tallo cerebral.

Es el encargado de filtrar información útil para alcanzar tus objetivos y tu supervivencia. Depende de la programación mental que tengas y las necesidades precisas que le marques para que vaya localizando la información referida a estas.

Por ejemplo, si necesitas encontrar un artículo concreto, irá filtrando la información que recibe del exterior y localizando este objeto hasta detectarlo. Mientras tanto no se centrará en el resto de información que recibe.

Sabiendo el modo en el que actúa tu SAR es necesario reprogramar tus necesidades reales, por ejemplo, si tu deseo es vivir feliz viendo lo positivo que ocurre a tu alrededor y le das las órdenes precisas a tu mente, este se encargará de rastrear todas las cosas buenas que te lleven a tu objetivo. Pero si, por el contrario, lo tienes programado para encontrar peligros y cosas negativas, será lo único que vea.

¿Te das cuenta de que el ser una persona positiva o negativa depende de la programación de tu sistema?

Hay personas que tienen una actitud muy positiva ante la vida y sacan lo mejor de ellas, otras en cambio ven la vida como un mar de amargura y sufrimiento, es debido a su programación.

Esto demuestra que no existe la persona con virtudes especiales de ser muy positiva, sino que está bien programada.

Si eres de estas personas, ¡enhorabuena!, ver lo bonito de la vida te lleva directo a la felicidad. Pero si, por el contrario, tiendes a ver el lado malo o más negativo de las cosas no te preocupes, ahora sabes que es posible pasarte al otro bando de la gente entusiasta y feliz.

Para poder conseguirlo tienes que desearlo y ser consciente de ello. Seguidamente tomar la decisión de ser feliz sin negociación posible y cada vez que te llegue un pensamiento negativo sobre algo que estés observando tienes que anularlo y prohibirle el paso.

Por ejemplo, vas caminando rápido porque llegas tarde al trabajo, de repente recuerdas que te dejaste el móvil en casa y sin este no puedes trabajar correctamente…

¿Te enfureces por tu descuido y vuelves a por él echando sapos y culebras, generando una mala energía porque lo ves desde el lado negativo?

Nada de eso, cancelas esa opción y, por el contrario, con tu GPS activado para detectar lo positivo, en las mismas circunstancias te dices: "Vuelvo a por el móvil y no pasa nada si llego justo al trabajo, es mucho mejor que no llegar, nunca se sabe qué puede pasar en el momento que voy caminando, ¿y si es para evitarme un peligro inmediato?".

Quiero contarte una situación real que viví hace relativamente poco. Salía del hospital con mi hija, le acababan de dar el alta e iba recién operada. Era la hora de comer y tenía prisa por llegar a casa para prepararle su comida. Bajamos al parking a buscar el coche y ahí recordé que había dejado un paraguas en la habitación del hospital. En ese momento me enfadé conmigo misma por el olvido. Tuvimos que regresar a por él y perdimos unos minutos. De camino a casa como a unos cinco coches por delante presenciamos, en plena autovía mientras circulábamos, un tremendo accidente, un coche se averió y se paró en una de las vías y todos los que iban detrás de él lo colisionaron, incluyendo grandes camiones. Nosotras nos quedamos a escasos metros del accidente y pudimos sobrepasarlo desviándonos por uno de los carriles que quedó despejado.

En este momento agradecí inmensamente al bendito paraguas, quizás de no haberlo olvidado no estaría escribiéndote estas páginas.

A partir de aquí, jamás me he vuelto a enfadar por un olvido y creo firmemente que todo pasa a nuestro favor y no en contra.

Así que tienes que enfocarte claramente en lo que quieres y dar unas órdenes precisas a tu SAR, es tu ayudante, utilízalo a tu favor.

"Debes programar correctamente tu S.A.R. para filtrar la información positiva que recibe del exterior, esto te convertirá en una persona entusiasta y feliz".

LAURA CASADO

7.
TUS CENTROS ENERGÉTICOS

*"Todo lo que vemos es una sombra proyectada
por las cosas que no vemos".*

Martin Luther King

Al igual que fisiológicamente estás diseñado por distintos sistemas, digestivo, cardio-respiratorio, etc., también tienes un sistema llamado aura que es un campo energético que te rodea el cuerpo y tiene ríos de energía llamados meridianos que nutren a cada órgano del cuerpo. Estos se suministran mediante siete vórtices de energía llamados **chacras**, encargados de abastecer y regular correctamente cada área de tu cuerpo.

Es necesario que los conozcas bien para poder mantenerlos óptimos, pues tienes un cuerpo psicosomático, lo que quiere decir que la mente enferma al cuerpo físico, como ya sabes según los pensamientos que produces generas unas emociones que modifican tu cuerpo energético y manda ondas electromagnéticas de información al exterior.

Dicho de otro modo, tu mente a través de tus pensamientos modifica tu cuerpo físico y energético.

Si tus pensamientos son de buena calidad mantendrás sano tu cuerpo físico y equilibrado tu cuerpo energético, por el contrario, si son de mala calidad... ¡adivina!

Cuando tus centrales energéticas se desequilibran o se bloquean, la energía no fluye bien y perjudica al área física que controla.

Tus siete chacras y las áreas que influyen son:

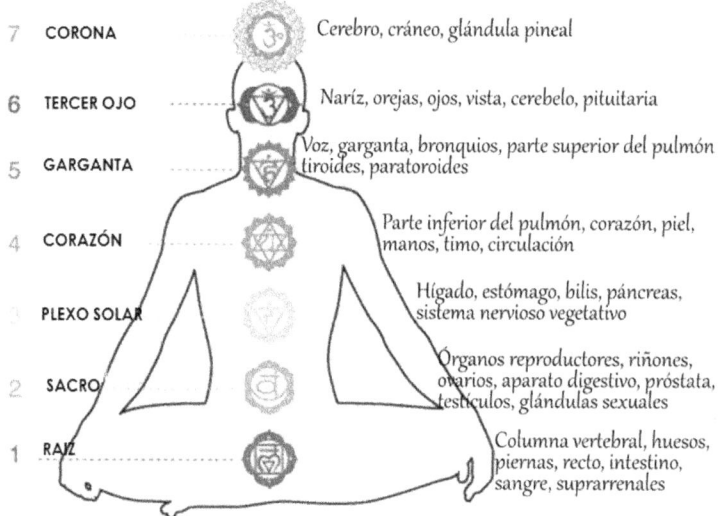

Para mantenerlas óptimas existen diferentes terapias fáciles y rápidas que te mantendrán en super equilibrio, energético y feliz. Te las detallo en el libro *Cuídate eres obra de arte*.

Sigamos descubriendo tu potencial...

"Tienes que darle importancia a tu cuerpo energético pues no solamente tienes un cuerpo físico.

Mantén equilibradas tus centrales energéticas, estas te ayudaran a estar más saludable y feliz".

Laura Casado

8.

ENCONTRANDO TUS COORDENADAS

"Atrapados en un torbellino de odio y agresividad, vivimos nuestra vida con conflicto y angustia; nos dejamos llevar por la competición, la avidez, el deseo de posesión y la ambición. Nos cargamos sin tregua de ocupaciones y de actividades superfluas".

Sogyal Rimpoché

¿Te has parado a reflexionar por un momento por qué instrucciones te mueves y actúas a diario?

Si alguna vez te has sentido triste, dolido, traicionado, sin valor o tremendamente infeliz…

¿Crees que todas estas sensaciones han sido producidas por las cosas que te han sucedido a tu alrededor?

Esto es lo común, creer que sí, que los demás te han hecho un daño, te han tratado mal o te ignoran porque vales poco.

La verdad es que todos esos sentimientos vienen precedidos de unos pensamientos que tú originaste según la lectura que hiciste del exterior, ayudándote de tus creencias y por lo entiendes como bien o mal.

Te pueden tratar mal, insultarte, o decirte que no eres bonito o que eres una persona con mil defectos, pero…

¿Quién les da autoridad para que sus palabras hagan daño o contengan la verdad de lo que tú eres?

¡Se la das tú!, desde tu mente, porque nadie te conoce mejor que tú mismo. Todo lo demás debería ser solo una opinión sin importancia.

En el momento que aceptas una opinión de ese tipo y la das por válida, el sentimiento más atroz fluye a través de ti envenenado tu energía y tu mente.

Aquí tienes que observar bien qué hay en tu interior, qué mensajes te cuentas sobre ti mismo, porque piensa...

Si te sientes bien, te ves guapo y alguien te dice "feo", ¿te ofende? ¿Tu manera de verte cambia?

Es un error andar por la vida dándole más valor a lo opinión de los demás que a la tuya propia.

Esto es debido a tus creencias erróneas que llevas albergando quizás desde muy temprana edad, donde la realidad que te cuentas no es la adecuada.

De saber que eres guapo, hermoso, precioso con unas cualidades únicas que te definen y te hacen diferente a cualquiera y tremendamente especial... ¿te afectaría lo más mínimo ese comentario?

Para nada, quizás hasta te reirías y le dirías: "Controla la envidia, macho, te va a matar, ja, ja, ja".

Si te sucede todo lo contrario y esto te hace tambalear y aceptar un comentario tan ruin y miserable, tienes que encontrar esas falsas coordenadas que viven en ti y cambiarlas por las adecuadas.

Tus coordenadas son las creencias que tienes sobre el mundo, sobre la vida y sobre ti mismo. Las que te indican tu verdad... ¿será?

Ha llegado el momento de que te hagas un experto cazador y pilles al vuelo cada errónea creencia que te dices y te hace sentir tan mal.

Cuando te detectes sintiendo que no eres lo suficiente para tal o cual, debes corregirte ahí mismo:

"¡Ey, te cacé, tengo un potencial increíble y soy capaz de todo lo que me proponga, quedas anulada!" "x"

O cuando te detectes diciéndote "no soy lo guapo o inteligente que ese otro..." debes corregirte diciéndote:

"Soy único e irrepetible con unas cualidades fantásticas e insuperables".

Repítelo hasta que lo conviertas en una verdad para ti, porque eso es lo que realmente eres.

Del mismo modo tienes que proceder localizando qué creencias te llevan a encontrarte mal. Eres tu mejor doctor, pues nadie te puede conocer como tú te conoces.

¡Ya basta de autoflagelarte!

Recuerda, en la medida que consigas controlar tus pensamientos y los mensajes que te das, conseguirás generar los sentimientos correctos para ser inmensamente feliz y eliminar de tu vida la ira, la tristeza o el rencor.

"Las coordenadas que llevas interiorizadas en tu subconsciente marcan el rumbo de tu vida, es de vital importancia detectarlas y optimizarlas.

Tus decisiones son tomadas bajo tus creencias, si estas son correctas, el éxito está asegurado".

Laura Casado

9.

REVISANDO POTENCIA

"Cuando meditas, te invitas a experimentar tu autoestima, la dignidad, la humanidad y la fuerza que eres".
Sogyal Rimpoché

Analiza... es el momento de viajar hacia tu pasado para detectar qué decisiones o acciones tomaste y te han llevado a tu momento actual. Debes hacerte consciente de la verdad, aunque a veces duela mirar atrás, es necesario que lo hagas, pues no podrás avanzar y evolucionar si no aceptas el pasado como parte de tu aprendizaje.

Aceptar que todo lo que te ha sucedido forma parte de la persona que eres hoy, dolorida, escarmentada, pero mucho más sabia.

Utiliza a tu favor toda la información positiva y negativa que llevas contigo para cambiar lo que no te hace feliz y tomar nuevas decisiones llenas de sabiduría que te llevarán a nuevos destinos.

Ahora que sabes la potencia mental, energética y física que albergas, es el momento de utilizarla correctamente y diseñar el nuevo modelo de vida que deseas tener.

¿Eso es soñar y no ser realista?

Te dijeron esto o te lo dijiste a ti mismo cuando quisiste realizarte en tus sueños, ¿no es cierto?

Es lo más común, lo que rompe tanto crecimiento y expansión.

¿Qué es ser realista?

Según la gente es comportarte bajo las normas de conducta establecidas por las personas de tu alrededor y admitidas como únicas y válidas. Aceptando ser uno más, sin virtudes propias y sin atributos especiales, porque el mero hecho de salirte de ahí insulta a los demás por intentar sobresalir o brillar.

Todo esto viene originado por la ignorancia de las personas, por seguir el camino marcado por otros y creerse común. Es más cómodo transitar un camino conocido que abrirse uno propio, da miedo lo desconocido.

Lo único que hace diferente la vida de una persona de otra es su valentía.

Tener el valor de desafiar a su entorno y tomar la decisión de brillar con luz propia, con sus propias ideas, utilizando sus dones y derribando a sus miedos.

¿Por qué no cambiar la mentalidad de criticar a las personas que son valientes y deciden vivir a su manera por la de admirar y tomar ejemplo de ellas para brillar tú también?

¿Has pensado alguna vez que el mundo es enorme y está habitado por millones de personas con diferentes culturas, formas de pensar y normas de conducta distintas a las que te dijeron donde naciste?

Analízalo, ¿por qué las creencias que te enseñaron son las mejores o contienen la verdad absoluta?

Te darás cuenta de que para cada ser humano es distinto, donde nació, recibió unas enseñanzas y le indicaron el camino que según ellos era el correcto. Dicho de otra manera, todos creen tener la fórmula correcta para vivir adecuadamente.

¿No sería mejor que cada uno creara su propia fórmula de vida?

Qué expansivo sería si decidieras abrir tu mente, aprender de muchas culturas y quedarte con lo que consideres más constructivo para ti. Estarías aprendiendo y creando tu propio modelo de vida, el que más te gusta y te hace sentir realizado.

¡Aprovecha tu gran oportunidad de vida!

> "Crea tu propio modelo de vida utilizando tu potencial y aprendizajes como conocimientos para vivir con sabiduría y plenitud".
>
> Laura Casado

10.

RECARGANDO PILAS

"La palabra es para todos en este mundo, hay que intercambiarla. Que vaya y venga, porque es bueno dar y recibir las fuerzas de la vida".

Tradición dogón

Al igual que para recargar energías físicas necesitamos el descanso adecuado y la buena alimentación, para recargar baterías mentales se necesita adquirir nueva información y sacar la que está obsoleta.

Hay un ejercicio que te permite descansar la mente por unos segundos para que tome más fuerza y claridad.

Cierra tus ojos y siéntate cómodo. Ahora estate atento al próximo pensamiento que te va a llegar, intenta descifrarlo, obtener su color, etc. Hazlo por 15 segundos seguidos, al menos, focaliza tu mente solo en esta actividad, en averiguar cuál será tu próximo pensamiento.

¿Lo has hecho?

¿Qué ha pasado?

¿Te has dado cuenta de que no has conseguido cazarlo?

Pues en esos segundos que andabas buscándolo, has conseguido parar los pensamientos y aunque parezca muy poco tiempo, le has dado un gran respiro a tu mente.

Si lo vuelves a repetir verás que, con el hecho de pretender encontrar tu próximo pensamiento, lo estás deteniendo, y esto permite a tu mente descansar, estás utilizando tu lado consciente y desactivando el subconsciente por unos segundos reales.

Si lo practicas a diario, conseguirás grandes avances y te llegarán ideas increíbles llenas de energía positiva. Tanto, que te costará controlar la sonrisa que aparecerá por la sensación de placer y confortabilidad.

¿Increíble no?

Eso me pareció la primera vez que un doctor en psicología me hizo practicarlo.

Es una manera ideal para recargar tus baterías mentales, tienes que ayudar a tu gran máquina a procesar correctamente, ganarás una mente aún más despierta.

Ahora estás preparado para ir vaciando viejas creencias que no te sirven para avanzar y abriendo nuevos espacios para ideas mucho más constructivas que, por repetición, conseguirás integrar como nuevas creencias en tu vida.

Un ejemplo simple.

Vieja creencia: "No soy bueno en comunicación". **X** "Eliminada".

Nueva creencia: "Soy buenísimo en lo que me proponga y estudiaré, practicaré las técnicas de comunicación hasta que sea un *crack* en ello".

¿Acaso naciste aprendido?

Aprendemos por la práctica y repetición, todo, pero todo el mundo teme lo que no controla, pero el control viene dado por la práctica, esto ocurre en cualquier área que te muevas.

Si temes exponerte ante los demás, la única fórmula es exponerte, exponerte y exponerte.

Si temes enfrentar una situación, enfréntala lo antes posible y muchas veces, hasta que pierdas el miedo a ello.

Para aprender a tener una habilidad basta con practicarla el tiempo que tú necesites para conseguirlo.

Deja de decirte mensajes erróneos de viejas creencias como: "no soy bueno para esto", "no se me da bien", "no tengo aptitudes para esto", "no soy lo suficiente fuerte, listo, hábil…".

¡Mentira!

Te aseguro que todo es práctica y eliminar tus propias limitaciones, todo lo que se me ha resistido durante un tiempo ha sido por miedo, de creerme incapaz de hacerlo, pero al practicarlo incansablemente he conseguido dominarlo y hacerlo bien.

Y, ¿sabes?

Justo ha sido lo que más orgullo personal me ha dado y más satisfacción.

Cuando imparto formaciones en estética y cuidado personal, compruebo esto una y otra vez, la mayoría de mis alumnos cuando empiezan una práctica nueva me dicen lo mismo: "¡uff! a mí esto no se me da bien" y siempre les respondo: "¿Crees que a mí se me daba bien al principio?".

La respuesta sincera es que no, no se me daba bien al principio. Pero lo practiqué hasta el día de hoy y me hice tan buena en lo que hago que ahora se lo enseño a los demás.

¿No te parece increíble el potencial de aprendizaje que todos llevamos incorporado?

¡A mí me fascina!

Así que ve reseteando los mensajes erróneos que te dices y empieza a vivir sin limitaciones.

Carga tus baterías que empieza lo bueno...

"Es necesario descansar por un momento tu mente, eliminar erróneas y viejas creencias y dejar entrar las nuevas y más constructivas para tu vida.

¡OPEN YOUR MIND!

¡ABRE TU MENTE!".

Laura Casado

TRISTEZA

ALEGRIA

RABIA

ILUSIÓN

EMOCIÓ

SEGUNDA PARTE:

DIRIGE TUS EMOCIONES

# 11.

¿QUIÉN DIRIGE ESTO?

"Para emprender el combate diario contra uno mismo y vencer, es necesario contar con un proyecto fuerte, una ambición fuerte, una pasión fuerte. Un buen medio para lograrlo es el reto, a uno mismo y al mundo: con mis propios medios, lejos de los caminos trazados por vosotros, triunfaré. A pesar de los obstáculos, a pesar de las emboscadas, triunfaré".

Irénée Guilane Dioh

Tu sistema, tu mente, tu energía...

¿Quién la dirige?

Esa es la gran pregunta que debes hacerte, ¿dirige tu ego, dirigen tus miedos o dirige la parte más auténtica que habita dentro de ti?

Para responder correctamente solo basta con ver qué límites te pones, cómo actúas a diario y lo feliz que te sientes.

Si te sientes irritable, te enfada cualquier comentario que se dirija a ti, te mantienes a la defensiva y atacas con comentarios destructivos a las personas que tienes alrededor. Evidentemente te está dirigiendo tu ego, ese personaje creado por ti para defenderte de tus miedos más profundos.

Vives temeroso de todo, no quieres hablar por miedo a no ser aceptado o a hacerlo mal, cualquier opinión es más importante que la tuya y te sientes poco merecedor de las cosas buenas. En este caso dirigen tus miedos y falta de valoración.

Cualquiera de estos casos es un camino destructivo que te lleva a la soledad y la infelicidad.

Todo sucede porque no te has hecho responsable aún de la parte que te toca, asumir la vida con lo bueno y con lo malo y hacerte dueño y director de tu orquesta desde la forma más auténtica que te representa.

Cuando vives desde tu autenticidad, comprendes el valor infinito que tienes y por tanto el que tienen los demás, es cuando realmente estás dirigiendo correctamente tus sistemas.

Ahora transitas el camino correcto, el de la felicidad que andas buscando.

"Eres dueño de un gran sistema físico, energético y mental, es imprescindible amarte y vivir desde tu autenticidad para dirigirlo correctamente".

Laura Casado

12.

EL PODER DE LA EMOCIÓN

"Mi camino está atravesado por un único hilo que lo une todo".

Confucio

Una de las cualidades más increíbles que define al ser humano es la capacidad de emocionarse ante la vida.

¿Qué es una emoción?

Se define como un sentimiento muy intenso de alegría o tristeza por un hecho, una idea o un recuerdo.

¿Has reflexionado alguna vez qué pasaría si carecieras de esta capacidad?

Sería aburridísimo no sentir ni padecer, no poder alegrarte o entristecerte, en definitiva, sería como estar muerto en vida.

Por desgracia, existen enfermedades que bloquean en gran parte la capacidad de emocionarse, cierto es que no padecen tristeza, pero tampoco experimentan alegría. Hablaremos de ello más adelante.

El poder de la emoción va mucho más allá, es el hilo conductor de nuestro mensaje con la red energética universal.

Cuando sientes una emoción buena o mala, esta es transmitida hacia el interior de tus células y de ahí al exterior en forma de ondas energéticas que contienen un mensaje. De aquí la importancia de aprender a controlar tus emociones. De ellas depende la calidad del camino que vas a transitar.

Parece tan simple tener una vida llena de armonía y control emocional, pero no lo es, la mente es super compleja y para conseguir tener sentimientos de gran calidad tienes que entrenar a tu mente diariamente, sobre todo controlar los pensamientos que permites.

Analiza todo lo que te causa dolor emocional, pues ha sido precedido de un pensamiento que lo ha ocasionado.

Un hecho no te debería afectar lo más mínimo si no piensas acerca de él de forma negativa dándole, por tanto, una carga emocional errónea a este asunto que estás tratando.

Si, por el contrario, te haces dueño de tus pensamientos y detectas que no te beneficia admitir un pensamiento negativo, buscarás rápidamente la alternativa más factible para encontrarle lo positivo que contiene y con ello que se convierta en constructivo para ti, porque sabes que inmediatamente producirás un sentimiento positivo con él.

Dicen que es un arte que tienen unos pocos, pero no es verdad, es puro entrenamiento mental, dicho por miles de especialistas en psicología humana.

"Los pensamientos producen las emociones, para hacernos fuertes tenemos que cambiar nuestro diálogo interno, a los pensamientos nocivos le llamamos "creencias irracionales", la rutina del debate consiste en transformar las creencias irracionales en "creencias racionales": todos los días".

Rafael Santandreu
(Psicólogo y docente en el colegio de médicos de Barcelona)

Cierto es que, entrenar a una mente que durante muchos años ha estado condicionada por su entorno para ver lo negativo o los "peros" de cualquier situación te llevará más tiempo y constancia re-polarizarlos a positivos, pero poder, se puede.

Si, por el contrario, tu entorno más cercano te entrenó para ver lo bonito y positivo de la vida, te será mucho más fácil llevarlo a cabo; aunque tu mente siempre tenga que ser controlada ante cualquier circunstancia menos agradable para extraer el aprendizaje positivo de ello.

Nos centramos mucho en el estado físico y muy poco en el estado emocional o energético. Cuando reconoces el funcionamiento de todo lo que eres, encuentras por lógica las respuestas a muchos tipos de enfermedades que no son fortuitas ni azarosas, sino que vienen precedidas por un desequilibrio emocional intenso, por ira, rabia, tristeza. Esto es somatizado a nivel físico por un continuo bloqueo energético debido a esta intensidad emocional tan negativa.

Hacerte consciente de ello es el primer paso para salir del error y empezar a prestarle la atención necesaria a todo tu sistema por completo.

"Tu mente requiere de entrenamiento diario para conseguir controlar tus pensamientos y con ello, tus emociones.

Se puede vivir feliz hablándote en el lenguaje mental correcto".

Laura Casado

13.

¿DE DÓNDE VIENEN LOS PENSAMIENTOS?

"Cuando uso una palabra, significa exactamente lo que digo que significa: nada más, nada menos. Lo mismo es cierto para los pensamientos: solo significan lo que el pensador piensa que significan – nada más, nada menos".

Lewis Carroll

Tus emociones son provocadas por tus pensamientos, por esto requieren una gran atención.

¿De dónde vienen tus pensamientos?

¿Los fabricas tú?

¿Vienen del exterior?

Pensar y reflexionar es lo que hace tu cerebro, mantiene y protege el cuerpo, sin esta acción no podría sobrevivir. Es una actividad cerebral del subconsciente, todas las formas de pensamiento, incluso el pensamiento reflexivo consciente, son energía, química y electricidad combinadas y organizadas de una determinada manera, se ayudan de información en forma de impulsos que captan del exterior.

Estudios científicos han determinado que puedes tener alrededor de 60.000 pensamientos diarios, muchos de ellos pertenecen a situaciones del pasado negativas acumuladas en tu cerebro.

De aquí la importancia de que te hagas consciente de ellos y entrenes a tu cerebro para modificarlos en positivos.

Si le das a tu mente la orden correcta de cómo proceder ante la vida, por repetición irá modificando hábitos de pensamiento y los irá transformando en positivos.

Es de vital importancia tener un objetivo muy claro y leerlo, hablarlo, meditarlo a diario para que no le quede otro remedio a tu mente que actuar de la forma que le indicas.

Recuerda siempre: tú mandas.

El perdonar, liberarte, avanzar, escoger los pensamientos y, por tanto, las emociones con las que decides vivir, está en ti.

"Tu cerebro crea tus pensamientos, pero puedes programarte para seleccionar los de buena calidad y generar buenos sentimientos.

Tienes que desautorizar todos los destructivos y permitir los que construyan tu vida ideal".

Laura Casado

14.

¿POR QUÉ TE SIENTES TRISTE?

"No merece la pena oponerse a nada, ni huir de nada. También es inútil buscar cualquier cosa".

Maestro Taisen Deshimaru

Cuando generas un sentimiento tan doloroso como la tristeza es porque has dejado tus pensamientos negativos a su libre albedrío, te has dejado arrastrar por el mal colectivo que te rodea, dando por válido que el estado normal y general es encontrarse molesto, apático, con mil problemas y que estos se hagan duros de superar.

Estás metido en un bucle de ideas negativas y destructivas que te cuentas, haciendo un recuento continuo de todos los recuerdos negativos del pasado, junto a todos los del presente. Llegando a fabricar una bola de nieve tan grande que no sabes digerirla, todo parece confuso y te golpea duramente la tristeza.

Tienes que despertar del trance hipnótico en el que tienes a tu mente metida, salir de ahí de inmediato.

Debes dar la orden de desautorizar todos los pensamientos que te estén haciendo sentir mal.

Volver al origen de quién eres y cuál es tu propósito único por encima de todos:

¡ERES UN SER HUMANO MARAVILLOSO, ÚNICO Y ESPECIAL!, ¡CON MIL CUALIDADES QUE TE HACEN DIFERENTE A CUALQUIERA!

CON UN PROPÓSITO MUY CLARO: ¡SER FELIZ!

Cualquier otro pensamiento de no ser capaz, merecedor o cualquier basura que te estés contando tiene que ser anulada y prohibida por ti porque: **¡NO ES REAL!**

Lo real es que tienes una oportunidad de vina única, con fecha limitada y secreta, lo que la hace aún más intrigante y apasionante.

Da igual qué haya pasado o en qué circunstancias te encuentres, siempre, pero siempre tendrás en tu mano el poder de elegir cómo vivir los siguientes días, con qué optimismo y con qué amor hacia ti mismo y la vida que se te entregó.

Por supuesto, no basta con decírtelo, debes tomar la firme decisión y ponerte a ello, si te falta energía… pues ¡súbela!

En el libro de *Cuídate eres obra de arte* te explico cómo hacerlo.

Lo que es cierto que anulando tu mente o adormeciéndola no conseguirás salir fácilmente de ahí, pues requiere de una mente consciente y despierta para subsanar el entuerto creado por tu descontrol mental.

Solo el hacerte consciente de lo que te está ocurriendo ya te está ayudando para que lo puedas solucionar.

Es mejor desenredar tus pensamientos negativos antes de que la maraña crezca, mantener controlados tus pensamientos te garantiza tu paz y éxito interior.

"Los pensamientos negativos descontrolados son los causantes de emociones nefastas, como la tristeza o la ira.

Es fundamental darte los mensajes correctos y anular los retorcidos, para que desaparezcan estas crueles emociones".

Laura Casado

15.

IDENTIFICANDO MENSAJES DESTRUCTIVOS

"Por poco que dejemos atrás las nociones de aceptar y rechazar, todo se manifiesta frente a nosotros, nuestra conciencia se apacigua y nuestro espíritu permanece tranquilo, sin dualidad, más allá de la relatividad".

Maestro Taisen Deshimaru

El cerebro humano emite alrededor de 60.000 pensamientos diarios y un gran porcentaje de ellos viene del pasado y de vivencias o recuerdos negativos como ya hemos visto con anterioridad.

Estos pensamientos son mensajes que generas para ti y el exterior, te hacen enfurecerte, alteran la paz y te mantienen a la defensiva, te vuelven melancólico o triste.

¿Te das cuenta de que no son reales?

No ahora, aunque lo fueran en el pasado, ya está vivido. Ahora tienes otro presente y autorizar estos recuerdos hace que vuelvas a revivir sentimientos negativos y destructivos para ti.

Son solo recuerdos, recuerdos malos, fatales o espantosos que se quedaron grabados en ti por alto impacto emocional. Quizás no eran tan trágicos como los recuerdas, pero para tu mente si lo eran, por el sentimiento que se produjo en aquel momento de tu pasado.

Son dolorosos cada vez que aparecen y tienes que enfrentarlos y desautorizarlos si quieres vivir el resto de vida que te queda de una forma agradable y feliz, aprovechando cada segundo para construir cosas bonitas en ella.

Es importante mirar de frente a estos pensamientos y decirle a tu mente con amor y cariño:

"Sé que fue duro e impactante para ti este recuerdo, pero forma parte del pasado y aprendí mucho de él. Ahora es momento de dejarlo ir pues no es mi realidad actual y no te necesito, gracias".

Tu mente es tu mejor aliada o puede ser tu mayor enemiga si no aprendes cómo funciona y empiezas a dirigirla correctamente.

Tienes que hacer un entrenamiento diario con ella para que, poco a poco, entienda que necesitas un aporte de mensajes positivos para tu salud mental. Si no la entrenas correctamente y le permites vivir en la queja o en el mal del pasado entenderá que es tu necesidad, pues es la encargada de velar por tu supervivencia sin saber que puede destruirte con unas malas coordenadas.

Qué paradoja más grande, la encargada de velar por tu supervivencia puede llegar a destruirte sin saberlo.

Por lo tanto, es tu responsabilidad dirigirla y enseñarle el camino correcto. Recuerda que el camino cumple una orden: "SER FELIZ".

"Tu mente es maravillosa, pero necesita entrenamiento y buena dirección.

Bien dirigida puede realizar cosas extraordinarias, mal dirigida puede autodestruirte".

Laura Casado

16.

DESNUDO

"Cuando, sin pensar, solamente escucho una gota de lluvia en el borde del tejado, soy yo".

Maestro Dogen

Cuando olvidas quién eres realmente, es cuando el peligro de padecer y sufrir te acecha.

En un grado alto de confusión es necesario volver al origen, al momento preciso que llegaste al mundo y abriste tus ojos.

Venías desnudo, solo contenías pureza y un pequeño gran vehículo de transporte para vivir esta experiencia de vida.

¿Qué más puedes necesitar para ser feliz?

Ya lo tienes todo, un cuerpo que habitar que te permite expresarte y una mente increíble que te permite reconocer el valor real de las cosas.

Teniendo cuerpo y mente alineado, lo demás es secundario, puede ir y venir, pero tu estructura principal debes mantenerla impecable.

Tener bienes materiales, un trabajo, una pareja, etc., es un valor fluctuante añadido a la vida, que va y viene, llegan personas a tu vida y cuando termina su contribución contigo o tú con ellas se van y aparecen nuevas, cargadas de diferentes experiencias por vivir. Los trabajos, el dinero y los bienes materiales no son más que aprendizajes y retos distintos que superar, son herramientas que forman parte del juego de la vida.

Pero lo que siempre perdurará hasta el fin de tu vida materializada eres tú mismo, tu cuerpo, tu mente y tu alma.

Ese conjunto maravilloso que formas y que debes cuidar, mimar y disfrutar junto a personas increíbles como tú.

Los años van pasando y el niño que nació va creciendo lleno de miedos, inseguridades, iras, daños y se hace una fuerte coraza para protegerse. Esto no permite ver quién es la persona real que habita dentro y lo peor es que al que vive dentro le cuesta ver el bonito exterior porque se quedó con el recuerdo del lado hostil de la vida.

Para disfrutar de tu experiencia terrestre, no te queda otra que desprenderte de esa coraza y volver al estado inicial, pero ya con mucho aprendizaje y evolución que te permitirá saltar, sortear, escalar, nadar y surfear superando los obstáculos a los que te enfrentes, pero siempre con visión amplia y libre de cargas pesadas.

¿Quién dijo que el camino de la vida era llano y sin obstáculos?

Eso justo lo hace intrigante, crecer y evolucionar con el objetivo de hacerte mejor jugador, pues a más obstáculos saltas, más especialista te haces en ellos.

"El ruido de la vida te puede perturbar y confundirte de tal manera que olvides el rumbo, para volver a encontrarlo basta con regresar al origen y recordar que para ser feliz ya lo tienes todo, un cuerpo para transportarte y una mente maravillosa para crear lo que desees".

LAURA CASADO

17.

¿LAS EMOCIONES ENFERMAN?

"Pensad en el lugar donde ponéis vuestros pies".
Inscripción en la puerta de los ojos zen

Está totalmente demostrado que tus células enferman por emociones negativas y también pueden sanarse con mensajes correctos.

Según el biólogo celular Dr. Bruce Lipton, la energía producida por tus pensamientos genera una emoción que es recibida por el sistema nervioso central y este altera la química de la sangre que es la encargada de llevar los nutrientes, oxigenar e informar a tus células energéticamente.

Estás compuesto de más de 60.000 billones de células que se regeneran continuamente. Dependiendo del mensaje que reciban estarán más sanas o enfermas.

Cualquier proceso biológico que realiza tu cuerpo es instruido por el sistema nervioso central.

¿Quién dirige al sistema nervioso central?

Es tu mente con los pensamientos que genera continuamente.

Hasta aquí parecería fácil estar sano, pero es mucho más complejo porque la encargada de hacer todos estos procesos automáticos es la mente subconsciente.

La mente subconsciente opera el 90 % del tiempo, solo un 10 % opera tu mente consciente.

Aquí radica el problema fundamental, tu mente subconsciente está programada principalmente de la información que recibió en los primeros 6 años de vida. Albergas hábitos incontrolados que se encargan de operar de forma automática.

Pero, tranquilo, hay solución, la mente subconsciente es reprogramable por repetición.

Dicho de otro modo, aunque leas esta información con tu mente consciente y la des por válida, no quiere decir que tu subconsciente se haya enterado. Para nada, necesita que se lo repitas un gran número de veces y de forma continuada durante meses para que realmente se entere, la integre y proceda a trabajar con estas nuevas coordenadas.

Aquí se entiende bien la importancia de la que te vengo hablando en todos los libros, el hacerte consciente y llevarlo a la práctica diaria con constancia y perseverancia.

Según Bruce Lipton, el estrés causa la mayoría de enfermedades y esto es debido a dos causas principales:

- **El estrés paraliza el sistema inmune.**
- **El estrés detiene el crecimiento celular**.

Según los estudios biomoleculares realizados, se detectan estos dos factores en personas sometidas a estrés.

Por un lado, paraliza al sistema inmune porque entiende que está en modo huida y utiliza toda su energía para ello, como si un león le persiguiera. Teniendo en cuenta que el sistema inmune es el que más energía utiliza para funcionar, es el primero en detener para llevar a cabo su misión de supervivencia.

¿Pero qué ocurre cuando se paraliza tu sistema inmune?

Que te quedas solo ante el peligro de cualquier agente nocivo, bacteria, virus e incluso quedan sin control y desprotegidas las células cancerígenas, de las cuales tu sistema inmune se encarga de mantener muy vigiladas y controladas.

Según el biólogo, todos tenemos células cancerígenas sin activar y el problema surge cuando el sistema inmune se paraliza y quedan libres para reproducirse.

Por otra parte, la reproducción celular es continua, millones de células mueren cada día y se reponen por otras nuevas. Esto es el proceso de regeneración celular. Por ejemplo, tu aparato digestivo se renueva cada 3 días, si estás sometido a un gran estrés también se verá afectado este proceso y no se realizará correctamente puesto que la energía que necesita también está siendo empleada para tu huida.

¿Te das cuenta de la importancia que tienen tus emociones en todo tu cuerpo?

Tienes que entender muy bien estos conceptos, para tu sistema nervioso el estrés es el equivalente a activar todos los protocolos de huida para tu supervivencia, esta es la orden que recibe de tu mente y esta es la que manda.

Recuerda tus pensamientos controlan tu cuerpo.

Antes podrías desconocerlo, no te culpes, pero ahora que lo conoces…

¿Qué estás dispuesto a hacer por ti?

Así que, a partir de ahora, si aún no lo has hecho, hazte un firme compromiso y trabaja tu mentalidad errónea. Hazte consciente de que debes dar prioridad a tu vehículo, sin él, nada de lo que suceda en el exterior será relevante.

"Tienes un sistema celular que se regenera continuamente y cumple tus órdenes.

Estar sano depende de la calidad de pensamientos y energía que generes".

Laura Casado

18.

LA IMAGEN QUE PROYECTAS

"El hombre es el remedio para el hombre".

Proverbio wolof

Todo lo que ves alrededor es fruto de una proyección que creas en tu mente, una realidad que tu creas ayudándote de elementos del exterior, sonidos, olores...

Puede parecerte una realidad absoluta, pero para cada uno es diferente y ve su alrededor de forma muy distinta.

De esto depende la programación que llevas instaurada. Por ejemplo, dos amigos salen a pasear juntos, en el mismo instante está sucediendo una realidad en el exterior y puede ser leída o interpretada de una forma muy distinta.

¿Acaso alguno de los dos está equivocado?

Ninguno, los dos están extrayendo información del exterior y haciendo su propia interpretación de los hechos basada en la programación mental que tienen.

Uno sonríe mientras observa el bullicio de la gente que pasa, disfrutando del olor a café cuando pasan delante de una cafetería y el otro está alerta porque le incomoda pasar junto a tanta gente, le parece un lugar desagradable lleno de olores provenientes de diferentes comercios.

La información registrada es muy distinta aun ocurriendo a la misma vez y en el mismo lugar.

Llegar a comprender esto es la clave para hacerte más tolerante con los demás. Todo está basado en su sistema de creencias.

Si crees que es agradable, bueno, malo o muy desagradable, va a depender de tu forma de verlo.

Por esto es tan importante para tu salud mental que corrijas una programación errónea, porque de esto depende la lectura que harás del exterior y el estado de ánimo que mantendrás.

El ver la parte fea de las cosas, ir buscando incansablemente los peligros, los fallos cometidos por los demás y mantenerse en una crítica continua te autodestruye.

¿Piensas acaso que esta actitud daña a los demás?

Puedes causar un daño momentáneo o un gran daño con tus palabras, cierto, pero el mayor perjudicado será la persona que continuamente se está proyectando al exterior de esta forma tan errónea. Transmite mensajes destructivos a la red energética y esta los recoge devolviendo su pedido, como si se tratara de un pedido a domicilio, con más destrucción para su persona en forma de situaciones y vivencias desagradables o nefastas.

Aquí no termina el daño, solo empieza, se siente diana de todo infortunio y empieza a cuestionarse la belleza de la vida, creando una película mental que lo lleva a la amargura continua.

Si alguna vez te has sentido así, tienes que despertar a la verdad, y es que, aunque duela, todo es fruto de tu programación y tus pensamientos. Hacerte consciente te permitirá trabajar en ello para modificarlo.

Sigamos viendo más sobre tu poderosa mente…

> "Cada persona crea su realidad dependiendo de su sistema de creencias.
>
> Hay que aceptar y ser tolerante con los demás porque cada quien ve una realidad distinta.
>
> De la lectura que hagas de la vida dependerán los sentimientos que producirás y las circunstancias que atraerás".
>
> Laura Casado

19.

EL ARTE DE LA INTERPRETACIÓN

"Sin duda, la razón más profunda de nuestro miedo a la muerte es que no sabemos quiénes somos.
Creemos en una identidad personal, única y distinta.
No obstante, si tenemos el valor de examinarla de cerca, nos damos cuenta de que esta identidad depende por entero de una interminable lista de datos, como nuestro nombre, la historia de nuestra vida, nuestros compañeros, nuestra familia, nuestro hogar, nuestro trabajo, nuestros amigos, nuestras tarjetas de crédito...
Es sobre su sostén frágil y efímero donde nos apoyamos para garantizar nuestra seguridad".

Sogyal Rimpoché

Creemos que solo algunos son actores porque se dedican profesionalmente a ello.

Pero no es así, la mayoría de personas dominan el arte de interpretar su propio personaje.

Analiza un momento, cuando sales fuera de tu intimidad y te sientes observado por otros ¿Cómo te comportas?

¿Actúas igual que cuando estás solo?

Tienes que observar bien qué papel interpretas, ¿eres de los que aparentas fuerza y carácter, de los que van de malotes o más bien de los complacientes que todo lo soportan por caer bien a los demás?

En cualquiera de los casos es un personaje creado, porque tú sabes bien quién eres cuando te encuentras a ti mismo de frente a un espejo y en solitario.

Conoces tus miedos y debilidades y esperas no aparentarlas frente a los demás para protegerte o no ser criticado.

Pero si lo piensas bien, ¿ese personaje realmente te está beneficiando?

Lo haces porque crees que es lo mejor para ti, de lo contrario no actuarías de ese modo sino de otro. Pero si lo meditas fríamente, no te sirve para nada o más bien para nada bueno.

Por una parte, da igual qué hagas o qué quieras aparentar, si eres la mejor persona que hay con los mejores sentimientos o vas de duro aparentando peligro para defenderte del exterior, eso da igual…

La persona que está programada para encontrar lo negativo y realizar su crítica poco constructiva te lo encontrará seguro, y si no, lo inventará.

No puedes huir de la crítica, por mucho personaje que interpretes, siempre habrá alguien que encuentre el defecto en ti. Por lo tanto, qué tal si te aceptas como eres, con todas las debilidades que crees tener y empiezas a mostrar tu realidad, tu ser auténtico.

Esto es lo más liberador que podrás hacer por ti mismo, se respira, se vive realmente cuando no tienes que interpretar ningún falso personaje.

Le dices al mundo: "**¡SÍ SEÑORES ESTE SOY YO!**".

Y lo mejor te dices a ti mismo:

"no necesito vuestra aprobación sino la mía".

¡Uf!, ¡qué bien te sientes cuando realmente tomas la valentía de ser tú mismo sin condicionamientos!

Es la mayor prisión que hay, mantenerte dentro de alguien que no eres y te sientes obligado a seguir para no decepcionar o por miedo de no ser aprobado.

Lo más gracioso de todo es que has pensado que no serías aceptado si no interpretabas y descubres que realmente es tu mejor versión y que lejos de desaprobarte, te apoyan.

Siempre habrá una minoría que no lo haga, pero ¿qué importa?

Es tanta la felicidad que experimentas, te sientes tan libre y tan vivo que no volverías jamás a la otra versión.

Por fin, ¡eres LIBRE! de tu propia esclavitud.

"Reconocer quién eres y liberarte del personaje ficticio inventado por ti te da la mayor felicidad que puedas experimentar.

Aceptarte sin miedo a las críticas te aporta la verdadera forma de vivir en libertad".

Laura Casado

20.

NECESITAS RECONOCIMIENTO

"El éxito no viene del reconocimiento ajeno, sino de lo que sembraste con amor".

Paulo Coelho

Desde tus etapas más tempranas necesitas el reconocimiento, cariño y respeto de los demás. Es un pilar fundamental para tu autoestima. Te refuerza tus capacidades y te ayuda a crecer.

Cuando en tu círculo familiar más cercano te han aportado este reconocimiento, te han dado el primer sustrato de tu autoestima, te aporta seguridad para crecer e ir avanzando, en el caso contrario tendrás que trabajar de manera extra en la edad madura.

Pero en la edad adulta ya no basta, aun teniendo el reconocimiento de tu círculo más cercano descubres que realmente necesitas el autorreconocimiento. Sin esta base fundamental, estás corriendo un gran peligro emocional, pues los cimientos que necesitas para una estructura emocional fuerte los estás basando en opiniones diversas que no son tuyas ni contienen tu verdad.

El seguir necesitando el reconocimiento de los demás para saber lo que vales y mereces es un error

que debes trabajar. Puede llevarte a la tristeza más profunda y a una peligrosa falta de identidad.

Para vivir plenamente es necesario que te ames, te valores y sepas la verdad de ti mismo, que reconozcas todo lo hermoso que tienes y también tus debilidades.

Aceptar que eres perfectamente imperfecto como cada ser humano que pisa la tierra e igual de merecedor de disfrutar este precioso viaje otro es indispensable para ser completamente feliz.

Vivir siempre atento a los demás, teniendo en cuenta qué opinión tienen, si dan su aprobación o no, si reconocen el trabajo que realizas, muy lejos de ayudarte, te esclaviza, vives para los demás, pero…

¿Qué piensas tú?

¿Qué quieres tú?

Tu vida te pertenece y da igual lo que otros opinen, al final ellos vivirán su vida y tú la tuya, si te equivocas o tomas malas decisiones, la responsabilidad es siempre tuya.

¿Ellos sufrirán o tendrán que reparar tu mal?

No lo harán, por tanto, siendo tú el responsable de tus aciertos o fracasos, empieza por tener más en cuenta tu aprobación que la de los demás.

Todo equilibrio interior parte del amor verdadero por uno mismo, el autorreconocimiento y la autoestima.

"En edad temprana necesitas el reconocimiento de los demás para ir formando tu autoestima. En edad adulta necesitas el autorreconocimiento para estar completo, libre y feliz".

LAURA CASADO

21.

ENCONTRANDO TU VERDAD

"Seguimos creando el sufrimiento; estamos en conflicto con el bien, en conflicto con el mal, en conflicto con lo que es demasiado pequeño, con lo que es demasiado grande, con lo que es demasiado corto o demasiado largo, o falso; valientemente, proseguimos el combate".

Jack Kornfield

En el momento que caes en la cuenta de que eres el único que puede construir o destruir tu vida, con lo que te permites pensar y lo que no, con las decisiones que tomas de forma continua que te favorecen o las que no te benefician, es cuando realmente te haces dueño de ti mismo.

Descubres con gran entusiasmo que puedes programarte y cambiar viejas creencias que te han estado dañando.

Claro que el viaje de la vida tiene sus retos, pero depende de ti cómo decides saltarlos, sobrepasarlos o frenarte con mil miedos creyendo que son insuperables. Pero no es cierto, el viaje debe continuar y siempre de la mejor forma posible.

Es esencial que vivas sin máscaras y enfrentando la verdad, siempre orgulloso de quién eres, un ser humano increíble que está en un programa de aprendizaje y superación, donde está permitido, es lícito equivocarse y tener debilidades.

Cuando quieres aparentar hacerlo todo perfecto e intentas ocultar tus desaciertos es cuando más infeliz te vuelves. Es simple, estás fingiendo algo imposible que te aleja de la paz interior y la aceptación de uno mismo.

¿Por qué vivir en combate interno con uno mismo?

No debe ser una lucha sino un entrenamiento placentero, poder dominar tus pensamientos depende del entrenamiento diario y la nueva reprogramación mental que te hagas.

¿No crees que es alucinante poder modificar algo que no te hace feliz y saber que depende solo de ti?

Sí, de tu visión ante lo que está ocurriendo, siempre puedes focalizar la mente en el mal que te aqueja o desviarla hacia otra perspectiva donde recibas sentimientos agradables.

¿Lo ves?

Tú decides en todo momento qué lectura haces y cómo enfrentas las cosas.

A partir de ahora busca tu autenticidad en cada reacción, acción o palabra que emitas, siempre con total respeto y comprensión por las personas que están a tu alrededor que sufren y padecen al igual que tú.

"El verdadero amor por el prójimo se traduce en valor y fuerza. Cuanto más desarrollemos el amor por los demás, más confianza tendremos en nosotros".

XIV Dalai-lama

"La aceptación de uno mismo es clave para desarrollarte desde tu autenticidad, con total libertad, comprensión y amor hacia ti y los demás".

Laura Casado

22.

¿QUIÉN TE DIJERON QUE ERAS?

"La verdadera compasión consiste en amarnos a nosotros mismos, en respetar nuestras necesidades, nuestros límites y nuestras capacidades reales".

Jack Kornfield

Desde que naciste empezaste a aprender y a recoger información del exterior. Te fuiste definiendo según te reconocían los demás, entendiste las normas marcadas por tu entorno y empezaste a imitarlas.

Conforme has ido tomando consciencia de todo lo que te rodeaba, lo has seguido filtrando a través de esos aprendizajes primitivos.

En la mayoría de ocasiones, la vida de las personas transcurre por completo y no salieron jamás de las normas o creencias que les marcaron de pequeños, por miedos a hacer lo incorrecto o a equivocarse y fallar.

Son limitaciones subconscientes creadas desde pequeño, solo personas con almas inquietas y personalidades curiosas se adentran en un mundo de cuestiones, que los llevan a desobedecer las normas establecidas por su entorno y, por tanto, consiguen romper esos límites surrealistas.

Claro que se enfrentan a ser altamente desafiadas y criticadas por hacer las cosas diferentes y tener otra visión de la vida.

¿Qué hubiera sido de la evolución humana sin la curiosidad y el deseo de saber más allá de lo que su entorno más próximo les contó?

No se trata de ir contracorriente, sino de fluir con la verdad y la energía más positiva de la vida.

Aprende quién pregunta, quién se toma el interés de indagar en otros lugares, de buscar información en libros de otras culturas o interesarse por nuevos descubrimientos científicos.

Siendo tu oportunidad de vida y no la de otro…

¿Por qué no vivirla a tu manera, aprendiendo más y ampliando la vista fuera de tu círculo más cercano?

Es tu derecho de nacimiento, te otorgaron el regalo más valioso de todos: una vida y un vehículo para vivirla.

No te tiene que importar en absoluto lo que crean los demás que eres, nadie lo sabe mejor que tú, así que deja de vivir la vida como les gustaría a otros y empieza a vivirla a tu gusto.

Si te sientes realizado y feliz actualmente, esto es perfecto, entonces estás disfrutando tu viaje como te gusta, a tu manera, pero si no es el caso y te has quedado en una zona conocida por miedo a enfrentar lo que puede depararte el futuro y no te sientes realizado ni feliz, entonces tienes que tomar acción.

La vida es demasiado valiosa para dejarla ir sin ser disfrutada, experimentada y, en definitiva, vivida.

VIVE, ES UN REGALO APASIONANTE

Tienes que escoger quién decides ser, ¿el que agrada a los demás o el que se agrada a sí mismo?

"Has estado condicionado desde tu nacimiento por lo que te contaron que eras, es el momento de que vivas con tus propias normas.

Tu vida te pertenece".

Laura Casado

23.

¿QUIÉN DECIDES SER?

"Excava un hoyo para tu estanque, sin esperar a la luna. Cuando el estanque esté acabado, la luna vendrá por sí sola".

Maestro Dogen

¿No te parece apasionante poder decidir quién realmente quieres ser?

Por un momento, apártate de la realidad que estés viviendo, permítete soñar y fantasear con esta idea.

Imagínate en una película donde tú eres el protagonista y también el guionista.

Cómo te gustaría ser, a qué lugares viajar, qué personas conocer, cuánto amor recibir…

Cada mañana al levantarte qué harías, cómo sería tu vida, tu físico, a qué te dedicarías… Recuerda que estás soñando y está todo permitido, no tienes frenos económicos, simplemente puedes hacer cualquier cosa que te plazca.

¿Lo tienes, estás disfrutando de tu película?

¿Cómo te la imaginas?

¿Es relajada, armoniosa, quizás muy divertida, es apasionante o tremendamente romántica?

Viaja por un momento, olvídate por unos minutos de lo que tienes actualmente, continúa imaginándote feliz, muy querido y con todo en armonía y equilibrio.

¿Estás sumergido en el mar viendo el fondo marino, tomando el sol en una playa paradisiaca o viviendo una aventura en un país precioso?

Espero lo hayas hecho porque la imaginación te puede dar grandes emociones que te aportan enormes beneficios para tus células.

¿Pero qué pasaría si ese guion pudieras cumplirlo realmente?

Te tengo buenas noticias, todo eso que pensaste es posible, tienes un poder creador bestial, siempre y cuando lo programes correctamente.

Si estás muy alejado de ese sueño tardarás más en conseguirlo, pero lo que es seguro es que tienes el mismo derecho que cualquier otro ser humano de ser lo que deseas ser, vivir y tener.

El único problema que puedes tener es que necesitas una decisión firme, esfuerzo, constancia y trazarte un plan claro para conseguirlo.

En este plan tienes que modificar, cambiar o mejorar todo lo que no te favorezca para poder obtenerlo y, por supuesto, liberarte de miedos y creencias erróneas que te lo impidan.

Pero poder se puede, si no le temes a la vida y, al contrario, la respetas y la amas profundamente, puedes ser y tener lo que estés dispuesto a trabajarte.

> "Tienes el derecho de ser, hacer o tener lo que desees. Para conseguirlo solo necesitas determinación, perseverancia y trabajo".
>
> Laura Casado

24.

LAS EMOCIONES OCULTAS

"Podemos aportar un corazón comprensivo y compasivo a un mundo que tanto lo necesita".
25.Jack Kornfield

Hay personas que son libros abiertos, puedes leer en cada palabra cómo se sienten, qué piensan…

Esto les permite liberar emociones, aclarar pensamientos y mostrar al mundo realmente quiénes son.

Pero existen otras muchas que por carácter, complejos o inseguridades dejan de comunicarse correctamente con el exterior.

Encierran su tristeza, su amargura o cualquier pensamiento de frustración y durante años viven sin exteriorizar sus sentimientos a los demás.

Es cierto que es responsabilidad de cada uno gestionarse mentalmente estos sentimientos y aprender a dominar el pensamiento, pero también tenemos la necesidad de comunicarnos con los demás.

Hay momentos en los que necesitarás el apoyo de las personas de tu entorno, o al menos, sentirte escuchado.

Poder mantener una conversación amena y positiva, hablar sobre temas que te preocupen y buscar alternativas constructivas para superarlos es terapéutico. En la mayoría de ocasiones, basta con conversar con alguien de tu confianza para sentirte muy bien y ver que el problema que te sucede no es tan grande como tu mente lo ha creado.

¿Eres de los que expresas o de los que observas sin hablar?

Si eres de los expresivos, "¡enhorabuena!", pero si eres de los callados, tienes que encontrar la causa y subsanarla.

Pregúntate: "¿Por qué me cuesta expresarme con el exterior?".

Normalmente es miedo o timidez por tener creencias limitantes que te indican que "no hablas bien", "que no se te da bien la comunicación", "que hablar es negativo y te crea problemas", etc.

Tienes que saber que todos esos pensamientos limitantes no son reales, los has creado tú y fijado en el subconsciente y los apruebas como verdad absoluta.

Es necesario para tu salud mental, emocional y energética que te liberes y saques esas emociones ocultas al exterior, bien con una persona de tu confianza o bien con un especialista que te escuche. Hablarlo te dará claridad y esta se traduce en tranquilidad emocional y salud.

Tienes que cambiar la forma de verlo,

¿No te has parado a reflexionar sobre lo que se pierden los demás?

Sí, ya sabes que te perjudica ocultar tus sentimientos y la falta de expresión, pero... ¿qué hay de los demás?

Todos, absolutamente todos, tenemos cosas únicas que aportar al mundo, cuando no te comunicas adecuadamente con los demás, les estás privando del conocimiento que tienes dentro para aportarles, de tu comprensión o ayuda ante un problema que les pueda surgir, de todo el amor que puedes transmitirles, de palabras constructivas que hagan mucho bien e infinidad de cosas más.

¿No crees que es egoísta el nutrirte de información de los demás, pero no compartirla para evolucionar?

Al final todo es una contribución y el que pases tu vida ocultando emociones o dejando de expresarte correctamente afecta indirectamente a todos los demás que te rodean.

Es un acto generoso compartir tus pensamientos, aprendizajes constructivos con los demás.

El resto de los pensamientos negativos que en definitiva te llenan de basura mental tienes que autogestionarios rápidamente y eliminarlos, ni te hacen bien a ti ni al resto que te rodea.

> "Tienes que superar creencias limitantes que no te permitan expresarte correctamente con los demás.
>
> Es necesario por salud comunicarte y expresar tus sentimientos además de contribuir con el mundo compartiendo tus aprendizajes y visiones".
>
> Laura Casado

25.

¿INSENSIBLE?

"Oíd lo que los demás no dicen".
Steve DeMasco, maestro Kung Fu

Para poder comprender y aceptar las debilidades humanas tienes que conocer por qué suceden.

¿Cuántos momentos has tenido de rabia, de ira descontrolada por ver una injusticia?

Solo la palabra injusticia ya te altera, en mi caso siempre he padecido mucho desconsuelo cuando he observado actos llevados a cabo por personas que, a mi parecer, eran crueles con los demás seres vivos.

Esto siempre me ha movido a indagar y obtener más conocimientos sobre la mente humana. El desconocimiento del porqué suceden cosas horribles llevadas a cabo por una persona, era un hecho incomprensible para mi sistema de creencias.

Poderle dar una explicación racional es necesario para tu comprensión y salud emocional. Aunque no sirva de modo alguno para justificarlo, es la forma de comprender y poder controlar la rabia y demás sentimientos que te dañan a ti e indirectamente a las personas de tu alrededor.

El mal y las malas acciones existen, intentar eliminar todo el mal del mundo no es posible pero sí contribuir con tu parte.

Exaltándote, generando resentimiento, rabia o ira no mejoras para nada la situación.

A nivel energético estás absorbiendo ese mal y, sin quererlo, estás dañando tu propia energía y, por consiguiente, la de cualquiera que se acerque a ti.

Darles una explicación lógica a estos actos tan negativos te ayudará a controlar tus emociones.

Existen trastornos de personalidad y enfermedades de origen mental. Al igual que cualquier zona del cuerpo puede dejar de funcionar correctamente, puede ocurrir en el cerebro humano.

Lo que ocurre cuando la enfermedad es de la mente es que se convierte en algo muy peligroso para la propia persona y para los que se crucen en su camino. Ya conoces el potencial que alberga tu maravillosa mente, pero mal gestionada, puede ser destructiva totalmente.

Existen psicopatías de diferentes grados, se caracteriza por una alteración de la conducta social y no comporta ninguna anormalidad intelectual.

A diferencia de otros trastornos y características psicológicas, no existe un comportamiento único que defina a la perfección un carácter psicopático, pero sí rasgos comunes. Suele estar caracterizado por tener un "marcado comportamiento antisocial" y un carácter desinhibido.

Hay características evidentemente comunes en todos los psicópatas: su falta total (o muy elevada) de empatía, culpa o remordimiento.

Según el doctor Hervey Cleckley el trastorno psicopático produce una conducta anormalmente agresiva y gravemente irresponsable.

No existe evidencia real sobre las posibles causas, pero se cree que factores genéticos y ambientales como el maltrato o abuso infantil contribuyen a su desarrollo.

Actualmente se ha desarrollado un escáner que lee la zona del cerebro que contiene nuestras intenciones. Este escáner o tomografía por emisión de positrones (PET) permite leer la actividad del cerebro ante determinados estímulos, niños con rasgos psicópatas mostraron respuestas anormales dentro de la corteza prefrontal ventromedial. Los psicópatas muestran menos actividad en áreas del cerebro relacionadas con la evaluación de las emociones vinculadas a las expresiones faciales, según un estudio publicado en el *British Journal of Psychiatry*.

Realmente, conocer un poco estos trastornos mentales te ayuda a comprender mucho mejor que no se trata de gente mala o buena, sino gente enferma.

Es necesario para tu paz interior cambiar viejas creencias de gente mala o buena, simplemente son personas con graves enfermedades mentales que dejan de disfrutar de la vida por su incapacidad de sentir emociones.

¿Cómo sería una vida sin emoción?

¿Cómo vivirías insensible a la experiencia de relaciones humanas?

Las personas muy emocionales tienen que aprender a gestionar y autocontrolarse para no padecer,

pero a cambio, pueden experimentar cosas increíbles y maravillosas.

Estoy segura de que si estás leyendo estas páginas es porque perteneces a este grupo, te haces responsable de tu felicidad y de obtener la verdad para liberarte de cargas pesadas.

¿No te parece un gran regalo el que te ofrecieron al nacer?

Si lo observas desde el foco adecuado verás que está en tu mano dirigir tu mente correctamente a buenos y constructivos pensamientos, otros, sin embargo, no pueden hacer nada por remediar su mal.

"El conocimiento sobre comportamientos negativos te libera de cargas pesadas, te conecta con realidad y te ayuda a gestionar tu sistema emocional".

Laura Casado

26.

EL PODER DEL PERDÓN

"Todo conflicto comienza por unos pensamientos de miedo, de animosidad y de agresión que crecen en el espíritu de algunos y luego se propagan como el fuego en la hierba seca.

El único antídoto de estas aberraciones consiste en tener plena conciencia del sufrimiento ajeno".

Matthieu Ricard

El mayor castigo que puedes hacerte a ti mismo es el de envenenarte diariamente con viejos rencores. Situaciones y vivencias de las relaciones con otros que te han llevado a albergar resentimientos que solo sirven para destruirte.

Es muy lícito decidir a quién perdonas y a quién no, cierto es que hay muchas cosas que te han podido dañar en extremo o personas que te han dejado marcado por daños importantes.

Si lo meditas con tu parte lógica y dejas la rabia a un lado, caerás en la cuenta de que el mal ya está hecho, forma parte del pasado, incluso así sigues padeciendo diariamente por él.

No solo te dolió en aquel momento de tu pasado, sino que, al no conseguir perdonarlo en tu momento actual, el daño no se lo devuelves a esa persona, te lo estás haciendo a ti mismo.

He visto a personas consumir su salud porque tomaron la determinación de no perdonar una causa jamás.

¿Quizás eso alivió o hizo que desapareciera el mal causado?

Para nada, no solo tuvo que soportar el dolor que le causaron, sino que se sigue golpeando con el mismo palo una y otra vez.

La mente subconsciente no entiende de tiempo ni de espacio, para ella todo sucede aquí y ahora, cualquier pensamiento producido genera el mismo sentimiento que generó en meses o incluso años pasados.

Sabiendo esto, ¿Por qué no frenar esa locura autodestructiva?

Da igual por qué causa fuera, quizá te quitaron tus bienes materiales, te humillaron, te dijeron cosas horribles, te maltrataron o te hicieron sentir insignificante. Ahora ya está hecho, depende del sufrimiento que tú decidas seguir padeciendo, si no consigues perdonar, no parará el daño dentro de tu mente.

Aprendí a perdonar en un tiempo corto, me ayudé para ello de una explicación lógica y realista que alivió mi dolor.

El saber que todas las acciones llevadas a cabo por cualquier persona tienen una repercusión para ella misma incuestionable e inevitable, me hizo tener paz. Saber que siempre hay unas leyes universales justas y que no fallan jamás me liberó de todo rencor.

¿Qué hay peor que el daño que una persona se puede infringir a sí misma con sus actos?

Si por su falta de autocontrol, de amor hacia ella misma, por sus vivencias, traumas o enfermeda-

des mentales una persona actúa con otra de manera destructiva, la peor parada siempre será la que infringe el mal.

No es una cuestión religiosa, a lo lago de la historia diferentes religiones han interpretado las leyes universales, pero siempre se cuestionó o se generó la duda, si era verdad o era inventado para reconfortar a la persona.

Estudiando durante años la física cuántica, que es la ciencia que estudia la energía molecular, pude corroborar que estos ideales eran ciertos.

Basándonos en que eres energía concentrada, protones y neutrones, más allá de tus células, y estudiando el comportamiento de ellas ante estímulos emocionales procedentes del sistema nervioso central, está claro que producimos un impulso energético que no solo afecta a tu cuerpo celular sino a tu cuerpo energético.

Este cuerpo energético es el que te mantiene unido a la red universal a la que pertenecemos, se encarga de transmitir tu mensaje al exterior y este te devuelve más de lo mismo en forma de pedido a domicilio.

Por tanto, hay dos males fundamentales que puede causarse una persona a sí misma cuando infringe una mala acción hacia otro:

- **Enferma sus células**. El sentimiento negativo que genera le afecta a su sistema celular directamente.

- **Recibe el mal generado para sí mismo**. Genera una energía negativa que contamina el mensaje que lanza al exterior y va a recibir más del mal que está generando.

Sabiendo esto, te harás consciente de que, si aún no has perdonado, tienes que ponerte manos a la obra y trabajártelo para tener una buena calidad de vida y ser feliz.

El mayor poder de libertad está en tu mente y en la capacidad de liberarte del rencor.

"Es necesario liberar viejos rencores y perdonar.

Al único que haces daño con ello es a ti mismo, utiliza el perdón a tu favor para prosperar y tener una vida feliz".

LAURA CASADO

27.

LIMPIEZA PROFUNDA

"Inclínate sobre tu dolor como sobre un niño al que cariñosamente querrías reconfortar".

Jack Kornfield

Para tener una buena calidad de vida es necesario hacer un reseteo mental de heridas del pasado que permanecen en tu subconsciente y condicionan tu presente.

Son viejos rencores que es necesario localizar y perdonar para poder vivir en paz y seguir evolucionando.

Puede ser que en heridas muy grandes necesites más tiempo para cerrarlas por completo, pero hay muchas pequeñas que también te frenan en la actualidad. Tanto unas como otras es necesario sacarlas a la luz y enfrentarlas. Encontrar el aprendizaje que encerraban y perdonarlas.

Una forma de aprender es por alto impacto emocional y esta genera una lesión. Hasta que no haces una lectura correcta de ella no consigues aceptarla como necesaria para tu evolución.

¿Acaso serías la misma persona que eres hoy y tendrías la misma sabiduría de no haber sido por todo lo vivido y aprendido?

Es cierto que hay lecciones que se aprenden muy duramente, pero forman parte de la evolución humana, todo pasa por algo relacionado con tu crecimiento interior, tus grandes aprendizajes te llevarán a cumplir con tu propósito de vida.

Lo que está verificado por la ciencia es que tener un subconsciente lleno de basura mental te provocará pensamientos negativos y emociones horribles que empobrecerán a tus células e incluso las enfermarán.

Es vital para tu salud mental trabajarte tu baúl de los recuerdos, sacar cosas antiguas y dejarlas ir para poder tener la mente más despejada para adquirir nuevas vivencias más constructivas.

Cuando te niegas a perdonar, estás negándote a ti mismo el derecho a seguir viendo cómo te mereces feliz, libre de cargas pesadas y construyendo una nueva vida llena de situaciones maravillosas que experimentar.

Pensar que perdonar es liberar de culpa al que te infringió daño es un error, con tu acto al que estas liberando y permitiéndole continuar es a ti mismo.

De los actos de la otra persona ya se encargan las leyes metafísicas, ¿recuerdas la expresión "lo que siembras, recoges"?

Pues es tal cual, así operan, sin preguntas ni excusa, es simple lo que lanzas al exterior en forma de actos o sentimientos es lo que recibes.

Sabiendo todo esto, es el momento de que limpies tus profundidades y empieces a emitir una energía limpia y brillante con unos pensamientos constructivos.

> "Tienes el derecho de vivir plenamente.
>
> Para ello es necesario limpiar viejos rencores y liberarte de cargas pesadas.
>
> Con una energía limpia y renovada podrás brillar de nuevo y construir una nueva vida llena de situaciones maravillosas".
>
> Laura Casado

Todo crecimiento interior viene acompañado de un esfuerzo por ser mejor con uno mismo y con los demás, requiere ejercicio diario, vayamos a verlo…

28.

ENTRENAMIENTO DIARIO

"Lo que nos jugamos es la vida".
Louis Armstrong

Tu mente está preparada para trabajar de forma autónoma con unas instrucciones concretas, estas están archivadas en tu subconsciente.

No necesitas dar la orden consciente para que funcione tu organismo, te oxigenes, hagan su función tus órganos y tus células trabajen sin descanso.

De igual manera pasa con el resto de órdenes dadas desde pequeño en forma de creencias que te hacen actuar con más o menos temeridad, con mayor o menor seguridad en ti mismo etc.

¿Qué pasaría si encontraras esas órdenes y las modificaras por las correctas?

Si, por ejemplo, tienes una creencia de no ser un buen comunicador, estarás evitando hablar en público por miedo a no hacerlo bien. Tienes una limitación creada por tu mente, quizás en el pasado o a temprana edad te ocurrió alguna situación o te dijeron un mensaje negativo cuando hablaste y esto te impactó de tal forma, que lo cogiste como creencia y quedó memorizado en tu subconsciente.

Tu mente te indicará cada vez que quieras hablar en público, "no lo hagas, no se te da bien y quedarás en ridículo".

Inmediatamente, sin pensar, con tu mente racional obedecerás y te quedarás callado.

Aquí entra el entrenamiento que debes hacer en las áreas que te frenan con creencias limitantes, tienes que hacerte las preguntas correctas:

"¿Por qué me quedo callado y no soy capaz de hablar en público?".

Tu mente subconsciente te responderá: "porque no se te da bien y lo harás mal".

Tu mente consciente le responderá**: "de eso nada, tengo capacidad suficiente para hablar como cualquiera y el derecho de expresarme libremente".**

Aquí cazaste tu pensamiento limitante y lo anulaste, ahora tienes que romper la frontera del miedo que te genera romper tus propias reglas subconscientes y atreverte a desafiarlas. En este momento te retas y comunicas alto y claro lo que quieres decir.

Esto es un entrenamiento diario con cualquier freno que puedas tener.

¿En cuántas ocasiones has dejado de hacer lo que querías por pensar que no podías?

Muchas… ¿verdad?, pues ahora que eres consciente empieza tu entrenamiento mental, para vivir una vida plena y sentirte totalmente realizado. Necesitas hacer un ajuste de creencias limitantes e implantar las nuevas liberadoras.

Esto no se consigue en un día, pero sí por repetición continua durante meses.

¿Acaso no te entrenas físicamente si quieres verte fuerte y con un físico saludable?

Pues también forma parte indispensable entrenar tu mente para que juegue a tu favor.

> "Al igual que entrenas tu cuerpo físico para estar saludable, tienes que ejercitar tu mente y entrenarla para eliminar pensamientos limitantes.
>
> Esto te permitirá tener una vida plena y realizada".
>
> Laura Casado

29.

DEBILIDADES HUMANAS

*"De la posesividad nace la carencia,
del desapego, la satisfacción".*

Kalu Rinpoche

Es normal actuar erróneamente cuando no tienes el conocimiento correcto sobre tu mente y la forma de operar.

Al adquirir un aprendizaje claro de qué poder tiene tu mente, te permite modificar la visión ante las cosas que te suceden u ocurren a tu alrededor.

¿Cuántas veces has sufrido un dolor intenso a causa de los celos?

¿En cuántas ocasiones te has envenenado con una rabia extrema?

No tienes que culpabilizarte o castigarte por haber tenido debilidades humanas, todos las tenemos, pero sí es cierto que hacerte consciente de ellas y aprender a controlarlas te aportará la paz interior y la felicidad que necesitas.

En todas las ocasiones en las que sentiste celos o rabia…

¿A quién perjudicaste principalmente?

Tienes que ser consciente de que estos sentimientos tan negativos te dañan en primer lugar a ti mismo y te alejan totalmente de la felicidad.

Cuando tienes clarísimo tu objetivo en la vida y este es ser feliz, todo lo que no te ayude a conseguirlo automáticamente tiene que quedar descartado.

Por ejemplo, en una relación de pareja donde hay afecto y amor por ambas partes, pero terminan separándose y dañándose mutuamente ¿Qué ha ocurrido?

En la mayoría de los casos algo muy común, la falta de control sobre los celos o la rabia. Son dos sentimientos que afloran rápidamente cuando te gusta una persona y temes perderla.

Entra en el juego la posesividad, el afecto y cariño va creciendo y con ello el miedo a perder lo que crees que posees y te pertenece.

El principal error es pensar que un ser humano puede ser de tu posesión o que tú puedas pertenecer a alguien.

Somos seres individuales conectados a su vez por una gran red energética que nos une a todos.

Una relación basada en buenos cimientos y que perdura en el tiempo es debido, principalmente, a la claridad de este concepto.

Es vital para que cualquier relación funcione, eliminar el sentimiento de posesión o pertenencia al igual que amarse principalmente a uno mismo.

Es muy común ver a personas que aún no aprendieron el valor que tienen y no se aman verdaderamente, cometen el error de buscar la compensación a ese vacío o falta de autoestima en otra persona. Tienen necesidad absoluta de sentirse amadas por una pareja.

Dejan toda la responsabilidad de sus vacíos a la otra parte y, con ello, expuesta su vida en manos de otro ser humano con debilidades similares a las suyas.

Con este cóctel te encuentras ante una fórmula destructiva para cualquier relación:

Posesividad (miedo a perder, sentimiento de pertenencia) + **falta de amor por uno mismo** =

Celos y rabia (infelicidad absoluta)

¡Qué horror!

¿Y aún te preguntas qué pudo fallar en lo vuestro?

Ja, ja, ja, me resulta cómico pensar cuántas veces me he repetido esta pregunta en mi pasado.

Me costó tiempo, aprendizaje y dolor llegar aquí, pero valió la pena.

Si reflexionas sobre ello, verás que sucede en cualquier relación, aunque sea familiar, de amistad o de pareja.

Es necesario ser consciente de que cuando se utiliza la palabra "amor" no cabe la posibilidad de sentimientos de posesión, celos o rabia.

El amor real es libre, no se puede forzar, cuando entre dos partes se llega al acuerdo de compartir un camino juntos, se marcan las normas de convivencia y se confía totalmente en la ejecución correcta de las mismas. Nadie está obligado con nadie a mantenerse en el mismo camino si no es por puro amor.

El amor es respeto, confianza y expansión. De cualquier otra forma no es amor es debilidad humana.

"Dominar tus debilidades y convertirlas en tus fortalezas depende de las correctas coordenadas que le des a tu mente".

Laura Casado

30.

UTILIZA TU SUPERPODER

"Más que dejarnos arrastrar y atrapar por nuestras sensaciones, dejémoslas desaparecer a medida que se forman, como letras trazadas con el dedo sobre el agua".

Dilgo Khyentsé Rinpotché

¿Eres consciente del gran poder que tienes para cambiar cualquier realidad por otra que te haga más feliz?

Todo lo que necesitas está en tu mente, tienes la capacidad de construir la realidad que desees tener.

Veamos más ampliamente tus capacidades mentales, además de tu inteligencia, está tu inteligencia emocional.

Daniel Goleman es un psicólogo, periodista y escritor estadounidense. Adquirió fama mundial a partir de escribir su libro *Emotional Intelligence* en 1995.

Habla sobre la inteligencia emocional y la define como la capacidad de reconocer nuestros propios sentimientos y los de las personas con las que nos relacionamos. También alude a una función cerebral, probablemente innata, que es lo que se llama "teoría de la mente", o sea, la capacidad que hace que adivinemos las intenciones de otros, lo cual ha sido importante para nuestra supervivencia.

Esta capacidad o inteligencia emocional es la que te permite analizar cualquier situación y poder modificarla o cambiarla a tu conveniencia.

Puedes detectar las emociones que estás padeciendo y los pensamientos que la generan para así, reconducirlos hacia el foco que desees.

Si te encuentras triste, rabioso, con ira o celoso, tienes la capacidad suficiente para localizar el foco que lo origina y cambiar la visión del hecho para poder producir un pensamiento correcto que te genere la emoción contraria que necesitas.

Si puedes decidir estar bien o mal ¿qué eliges?

Es tan simple como eso, si tu deseo es sentirte bien y estar feliz, tienes en tu mano el "superpoder" de controlar tus pensamientos y dirigirlos hacia tu objetivo, lo demás son excusas porque todo, absolutamente todo, tiene su lado positivo y su lado negativo, depende de cuál escojas tú.

Cuando caigas en la trampa de tu mente subconsciente, que te trae al presente recuerdos negativos del pasado y vuelves a generar sentimientos destructivos, tienes que ser consciente rápidamente de ellos y desautorizarlos.

Agradecer todos ellos como experiencias de las que extraes su parte más positiva que fue el gran aprendizaje que te dejó para no cometer el mismo error en el presente. Pero más allá de eso, no debes permitir su aparición, perdona y libéralos.

Necesitas una mente limpia y preparada para vivir una vida llena de experiencias mágicas y personas increíbles que conocer.

VIVE, ES UN REGALO APASIONANTE

Recuerda siempre que es tu elección, tú decides vivir en una vida gris o llena de colores brillantes.

> "Tienes una mente magistral, utiliza tu inteligencia emocional para detectar los pensamientos nocivos y convertirlos en mensajes agradables que te hagan sentir muy bien".
>
> LAURA CASADO

31.

RESPIRA

"Inspiro y soy la flor. Exhalo y poseo su frescor".
Meditación zen

Sin darte cuenta, los problemas diarios y la preocupación te van sumergiendo en una espiral negativa donde cada vez necesitas más energía para salir de ella y, por el contrario, vas obteniendo menos.

Así comienzas un ciclo autodestructivo que te va afectando a tu salud física, emocional y mental.

Llega un momento en el que te cuesta respirar y la carga de responsabilidades que sientes se hace cada vez más pesada y difícil de llevar.

¡STOP!

Para todo eso ahora, es una bola de nieve que has ido creando con visiones negativas de todo lo que te acontece alrededor.

La familia, el trabajo, la economía, mil situaciones diarias que te llevan a encontrarte con gran desasosiego interior.

Estando medio bien, regular, mal o super mal, la única forma de arreglarlo y salir de esos problemas es pisar el acelerador, no es hundirte con la carga. En ese momento tienes que enfrentar la situación y solventarla lo antes posible.

Para ello, necesitarás extra de energía y solo la puedes obtener a través de las emociones positivas, la buena alimentación y el descanso.

¿No te parece irónico que normalmente se hace lo contrario?

A más te preocupas, menos te ocupas, porque con los pensamientos negativos acerca de una situación solo produces una baja energía de mala calidad. Estás tan preocupado que no puedes conciliar el sueño, por tanto, no descansas, se te hace un nudo en el estómago y no te pasa la comida. En otros casos, el nerviosismo te da por comer toda la comida basura y consigues agotar con ello a tu sistema digestivo.

¿Te das cuenta que la preocupación no te ayuda?

La única manera de solventar un problema es manteniendo la calma y pisando el acelerador con la máxima energía, mente positiva, buena alimentación y el descanso adecuado.

Coge aire, llena tus pulmones y respira, todo tiene solución, y si no la tiene, ¿para qué preocuparse? No sirve de nada.

Tienes una vida increíble para ser vivida, todo son experiencias, simplemente focalízate en ocuparte e ir saltando los obstáculos con mente tranquila y sosegada.

Este es el secreto, no hay más, no permitas que el miedo gane la partida, recuerda que es el mayor freno que hay. Te paraliza y no te deja ser resolutivo ante una situación que necesita agilidad mental.

Tienes que tener la fe correcta en ti y tus capacidades, tienes un potencial increíble, pero debes focalizarlo correctamente.

Tú mandas y diriges tu sistema, tu mente es la responsable de la gestión de un problema, o te entrenas para controlarla y darle las órdenes correctas o actúa sin control y te destruye intentando protegerte. Recuerda que su programa base es tu supervivencia.

> "Para resolver con éxito cualquier situación debes mantener la calma y ocuparte con máxima energía positiva, buena alimentación y un correcto descanso.
>
> ¡RESPIRA! Todo tiene solución, se ágil y dirige tu mente correctamente".
>
> Laura Casado

32.

LIBÉRATE DE ATADURAS

*"Dar es desapego;
Simplemente no apegarse a nada es dar".*

Shunryu Suzuki

Desde que nacemos nos enseñan a cuidar y atesorar bienes materiales, pero, ¿qué son y para qué sirven realmente?

Haz una reflexión general de ti y de las personas que te rodean, existe una ansiedad generalizada por tener, poseer y atesorar cuantas más cosas mejor. Se genera una competencia entre unos y otros por ser los que más y mejores cosas materiales tengan.

Tener el mejor coche, la mejor casa, el mayor número de lujos posible...

Esto genera un estado de frustración continua, siempre focalizando en lo que quieres y no tienes aún, y no en las muchas cosas valiosas que sí que tienes.

El error no es tener lujos, sino darles más importancia de la que tienen.

Es un complemento más de disfrute, pero no necesario para tener una vida plena y feliz.

Dejar tu felicidad en manos de algo tan banal es totalmente erróneo y más querer competir con los demás por poseer más que el otro.

¡Dios, qué lucha sin sentido!

Dejar de disfrutar y vivir realmente la vida por estar en continuo reto por ser más o mejor que los demás. Todo esto parte de la base del desconocimiento de quién eres realmente.

Eres único e irrepetible, ya vales por ser parte de una creación perfecta, tienes atributos especiales y no existe nadie igual a ti.

Tener economía suficiente o abundante para vivir tu experiencia está muy bien ¿Por qué no?

Pero con la claridad suficiente de saber que no es más que un vehículo para experimentar lo que realmente importa, para disfrutar de vivir distintas experiencias y todas centradas en ti, no en competir con los demás.

Poder compartir tu tiempo con personas que enriquezcan tu vida, vivir en tu mejor versión y ser libre de ataduras mentales es lo más necesario para ser feliz.

Para qué si no te serviría bañarte en oro, pero estar solo y sin nadie con quién compartirlo.

Mucho mejor es poder disfrutar del oro con los demás y sentirte amado, respetado y útil para la vida, sabiendo que contribuyes para hacerla un poquito mejor.

"Las ataduras mentales te las generas tú por creer que vives en una competencia continua por tener o atesorar más que el otro.

Es un error vivir la vida preocupándose por lo que no se tiene en lugar de vivirla feliz por lo que sí se posee".

LAURA CASADO

33.

CAMINA LIBREMENTE

"Nuestra auténtica morada es el ahora. Vivir el instante presente es un milagro".

Thuich Nhat Hanh

Siéntete orgulloso de quién eres, tienes el derecho de cualquier otra persona a cometer errores, a caerte, a no hacer las cosas perfectas o a tomar decisiones desafortunadas.

Claro que tienes total derecho, pues no existe nadie sobre la tierra que sea "don perfecto", aunque quieran aparentar serlo.

Siempre que amanece un nuevo día, tienes una nueva oportunidad para levantarte, coger impulso, hacer las cosas diferentes y tomar nuevas y mejores decisiones.

Pero es fundamental que te analices. Aprendas de los fallos cometidos y encuentres la raíz del problema. Siempre serán las creencias que albergas desde pequeño las que te hacen tomar unas decisiones u otras, elegir al mismo tipo de personas para relacionarte u optar por unos hábitos u otros de vida.

Lo que está claro es que, si no estás lo feliz que deberías y, por el contrario, te sientes mal contigo mismo, hay cosas que modificar sin demora.

Si sigues dejándote llevar por la inercia, la tristeza o la aceptación de que la vida es fría, dura y hostil, realmente estás desaprovechando tu experiencia de vida.

Piensa que ya para nacer tuviste que tener unas ganas inmensas, hiciste una carrera entre millones de competidores y conseguiste vencerles a todos y ganar el premio: te materializaste.

Fuiste el espermatozoide que más corrió entre 250 millones de media por eyaculación junto con el óvulo que maduró mejor y se conservó entre unos 20 folículos de promedio por ciclo menstrual.

¿No te parece que ya eres un verdadero campeón?

Tienes que caminar super orgulloso de quién eres y de tu valía.

¿Has olvidado el regalo tan increíble que ganaste?

¿Así piensas aprovecharlo?

Nada de sentirte poco merecedor, inseguro o menos que otro. Eres un campeón luchador desde tu nacimiento, conseguiste tu propósito que era nacer y ahora tienes la gran oportunidad de verte materializado y aprovechar esta oportunidad tan única.

Al igual que cualquier ser vivo, estás aquí por tus propios méritos, superaste adversidades y ahora puedes disfrutarlo, eres un campeón entre campeones.

Es esencial que recuerdes tus inicios para posicionarte donde debes estar, cada día más experimentado y con muchos más aprendizajes que te hacen ser más valioso.

"Camina sin miedo y disfruta de tu experiencia.

Eres un campeón merecedor de lo mejor, ya hiciste tu gran carrera y ganaste entre millones.

Disfruta de este gran regalo que es la vida".

Laura Casado

TERCERA PARTE

CREA TU VIDA

34.

SONRÍELE A LA VIDA

"La sabiduría no es solo la realización de uno mismo, también es la manifestación más eficaz del amor por la humanidad".

Tseng Tsé

Tiene que ser tu propósito que cada día de tu vida sea increíble, hagas lo que hagas tienes que dirigirlo a que sea un disfrute incluso en situaciones menos favorables.

Sería muy fácil estar alegre y disfrutar de un día de ocio, pero la vida se trata de un conjunto de días en los que la mayoría de ellos estás realizando tu jornada laboral, cuidando de la familia o reponiéndote de una dolencia.

Si decides disfrutar y pasarlo bien solo en los días festivos o vacacionales, limitarás esa alegría a muy pocos días al año.

La mayoría de las personas aceptan vivir toda una semana soportando un trabajo, con un sinfín de tareas que no les gustan y con resignación esperan el fin de semana para descansar o disfrutar.

Pero todo eso es una decisión que tomaron en un momento dado bajo sus creencias inculcadas desde pequeños, en las que se les enseñó que eso era así para la mayoría de personas y que era lo más normal.

¿Tiene lógica desaprovechar cinco días semanales esperando vivir los dos días del fin de semana?

Todo depende de cómo enfoques las cosas, cuando tomas una firme decisión de ser feliz, tu mente buscará todo lo bueno y positivo que te acontece en cada momento del día, llevándote a un estado de entusiasmo continuo.

Cuando lleves a cabo cualquier acción, tienes que enfocarla al lado bonito y cómico, sonreír cuando se presenta un problema y posicionarte con la actitud adecuada para resolverlo en el momento. El buen humor alivia el estrés y crea sentimientos de felicidad. Cuando te ríes, incrementas el poder de concentración y aumenta tu capacidad resolutiva.

Por lo tanto, tienes un gran poder y para utilizarlo basta con no centrarte en lo que una situación parece tener de malo y buscar su lado gracioso.

Siempre con el objetivo claro de que hagas lo que hagas, ese minuto contará para tu disfrute.

Para entrenar tu mente y cambiarla del lado negativo al positivo, hay un ejercicio que funciona bastante bien y es muy simple.

Prepárate una agenda y todas las noches antes de dormir escribe una página con todas las situaciones o cosas buenas que experimentaste a lo largo de ese día. La norma es que no puedes anotar nada que te haya hecho sentir mal.

Si eres de los que tiendes a sacar el "pero" a todo y ver el lado más gris, tendrás dificultad al principio en redactar una página completa. Pero si generas el hábito de escribir lo positivo todos los días, a tu mente no le quedará otra que mantenerse alerta durante el día para ir encontrando aquello que buscas cuando llega la noche.

De esta forma, conseguirás en pocos días ir revirtiendo la tendencia y de forma automática habrás cambiado el foco al lado opuesto.

Ten siempre presente que la actitud con la que hagas cualquier acción de tu día y la forma de dirigirte a los demás es fundamental para crear situaciones agradables.

"Llevo varios años viviendo "el mejor año de mi vida". Al principio creí que era cuestión de suerte. Después aprendí que era un tema de actitud".

Anxo Pérez

"La actitud con la que decidas tomarte la vida es la representación del grado de felicidad que obtendrás".

Laura Casado

35.

NI MÁS NI MENOS

"Si la rama quiere florecer, que honre a las raíces".
Frédéric Pacere Tittinga

Tendemos a olvidar la grandeza de donde venimos. Nacemos sin poder recordar el punto de partida, pero sin duda, tiene que ser una fuerza gigantesca y perfecta, de lo contrario, cómo podría existir tanta belleza y perfección fluyendo armónicamente en un equilibrio y conjunción increíble.

Basta con observar el equilibrio que sostiene la naturaleza y las diferentes especies animales que habitan. Todos tienen una función específica que aporta al conjunto.

De igual modo sucede con los seres humanos, cada uno de nosotros estamos diseñados con unas habilidades únicas que mantienen en armonía al conjunto siendo piezas clave para su desarrollo.

Si haces una buena lectura y reflexión de la forma en que conseguimos materializarnos, te darás cuenta de que es una gran oportunidad que conseguiste poniéndole el máximo esfuerzo, intención y ganas.

Tuviste que superar a más de 250 millones de adversarios y germinar entre más de 20. Todo esto para ser engendrado y venir al mundo a vivir esta experiencia.

Fuiste creado con precisión, con un sistema interior increíble y se te entregó tu gran premio por ser el vencedor:

Una oportunidad de vida y un vehículo para transportarte en ella.

Es necesario que vuelvas al origen de todo cuando te sientas perdido o sin rumbo, que vuelvas a recordar quién eres:

Un campeón entre campeones.

Ya demostraste tu valía al nacer, eres merecedor de lo mejor, de poder disfrutar esta experiencia al máximo.

Déjate de limitaciones, eres tú el único que te las impones, lo que hagas depende de ti, diriges y por tanto eres dueño de tus actos y decisiones.

Si ganaste la mayor carrera que hay…

¿Qué te impide ser o hacer lo que te propongas en la actualidad?

"Recordar tu origen te enfoca de nuevo al camino.

La vida es un maravilloso regalo que tienes que aprovechar".

Laura Casado

36.

DEPENDE DE TI

"Pero ¿qué es la cultura, al fin y al cabo, sino una serie de actos de comunicación?".

Barnabé Laye

¿Qué diferencia la vida de una persona de la de otra?

Es inevitable pensar que depende del lugar donde naciste, las personas que te rodeaban, la cultura que tenían...

Y sí, es muy cierto que las creencias que adquieres desde pequeño van a marcar el rumbo de tu vida, pero es innegable que hay personas que, desafiando sus creencias, su lugar de nacimiento y su cultura, deciden aventurarse a descubrir nuevos horizontes y cuestionar la verdad que le inculcaron.

Por lo tanto, lo que realmente marca la diferencia en la vida de una persona son sus decisiones, su valentía y su empuje ante la vida.

Son muy pocos los que juegan con ventaja y tienen el regalo extra de nacer en una familia llena aprendizaje, sabiduría y ser correctamente guiados.

Pero en edad adulta es necesario que cualquier ser humano se exprese individualmente, adquiera nuevos conocimientos y saque sus propias conclusiones.

Ese momento de quiebre es el gran paso para realizarte en tu propósito. Descubrir tus verdaderas inquietudes y tu visión ante la vida.

Para ello, es necesario que te aventures fuera de tu círculo más cercano y permitas conocer diferentes culturas, formas de pensar y de todo ello crees la tuya propia basada en tu verdad.

No prejuzgues, simplemente permítete observar y aprender de lo que más te interese o le encuentres sentido común.

Tienes que crear tus nuevas bases conservando los aprendizajes que te hacen seguir evolucionando y vivir en paz.

Para conseguirlo es necesario no sentirse la víctima de nada ni nadie, tomar la responsabilidad total del ahora, pues en el pasado quizás tuvieron la responsabilidad sobre ti tus padres o tutores, pero ahora ya eso ha cambiado, lo que tú construyas de aquí en adelante depende absolutamente de ti mismo.

Cada uno de nosotros lidiamos nuestra propia batalla interior, entre los rencores no perdonados, las creencias que creemos y las que se contradicen con lo que vemos, los miedos que tenemos y el personaje que inventamos… un sinfín de cosas que ir aclarando poco a poco.

Por tanto ¿para qué tomarte las palabras de los demás como ofensivas o hirientes?

Es necesario entender que, lo que expresamos es tan solo el fruto de nuestro desasosiego interior, esto te permitirá conservar la empatía suficiente para no tomarte nada personalmente.

"Cuando te cruces con alguien cuyo corazón esté hecho añicos, trátalo con tal bondad que desee pegarlos".

Anxo Pérez

"Tú decides cómo expresarte, qué aceptar como malo o bueno y qué rumbo darle a tu vida.

Siendo tuya la responsabilidad, tienes el poder en tus manos de ser o hacer lo que te propongas".

Laura Casado

37.

EL AHORA

"Volver al presente es poner fin al conflicto. La mayor parte de nosotros ha pasado su vida inmerso en el engranaje de los proyectos, las esperas y las ambiciones para el porvenir y de las penas, la culpabilidad o la vergüenza por el pasado".

Jack Kornfield

¿Estás vivo?

Pues es la única condición que debe existir para crear la vida que realmente deseas.

Da igual si te quedan semanas, meses o años, ¿acaso alguien lo sabe?

Perder tu tiempo actual pensando en lo que pudo ser y no fue, en las cosas que mejorarías o en las decisiones desacertadas que hubieras podido tomar diferentes, solo te debería de servir en la actualidad para tomar impulso y mejorar el tiempo que te queda por delante.

Vivir buscando culpables a situaciones malas del pasado es amargar tus nuevos días. Es un tremendo error del que debes salir. Estás contaminando tu presente con todo lo feo de tu pasado haciéndote a ti mismo infeliz.

Tienes que decidir entre dos opciones:
- Seguir castigándote con pensamientos nocivos.
- Desautorizarlos y vivir con la única decisión de ser feliz ahora.

Simplificar a dos opciones te permite ver con más raciocinio la realidad. Tienes esos dos caminos y tienes que elegir por cuál vas a transitar.

Si piensas que es fácil decirlo, pero no hacerlo, que conseguir perdonar es imposible o cualquier excusa que te estés planteando… entonces debes ser consciente que elegiste la primera opción.

De lo contrario, si elegiste la segunda, ya estarás desautorizando todos los pensamientos que no te sirvan para construir en positivo y de aquí en adelante prestándote el cariño y atención que necesitas para ir sanando tus viejas heridas.

Cuando estamos sumergidos en una tormenta emocional, es tanta la lluvia de pensamientos negativos e hirientes que recibes que te nublan la visión. La única forma de salir rápidamente de ahí es coger el control desde tu parte más racional. Teniendo en cuenta que tu parte emocional anda descontrolada y no consigue ver con claridad, debes de ser muy muy racional.

Debes hacerte las preguntas correctas basándote en la simplicidad de la vida. Los verdaderos motivos por los que viniste y restarle importancia al resto.

Recordarte que:

Viniste a ser feliz, aprender, experimentar y contribuir a la evolución humana.

"Un día despertarás y descubrirás que no tienes tiempo para hacer lo que soñabas. El momento es ahora. Actúa".

Paulo Coelho

> "La calidad de vida que tengas no depende del pasado, depende del camino que escojas ahora para transitar la vida que te queda".
>
> LAURA CASADO

38.

NADA ES TAN IMPORTANTE

"Tenemos una forma de percepción errónea de la realidad".
Matthieu Ricard

Mil sensaciones produces a diario, recorren todo el sistema nervioso y mandan una información a cada una de tus células.

Dependiendo del contenido del mensaje, interpretaran si todo está bien, si hacen bien su trabajo o, por el contrario, todo va mal.

Del mismo modo en el que se encuentre tu estado anímico, estará tu sistema celular.

Hay muchas enfermedades degenerativas que provienen del sistema nervioso, ¿quién crees que ordena y envía la información a este sistema?

¡Tu mente!

Por tanto, conociendo este dato, debería ser fácil prevenir este tipo de enfermedades, si das los mensajes correctos desde la mente todo irá bien… ¿será?

La mente es muy compleja y requiere un buen comandante, tienes hábitos marcados en el subconsciente y actúa la mayor parte del tiempo en automático. Aquí viene la complejidad, tienes que comprender cómo funciona y meterle las coordenadas correctas. Esto se traduce en mantener la mentalidad adecuada ante la vida.

Esa mentalidad, si no se ha creado desde pequeño, requiere constancia y perseverancia para cambiarla.

Existe la tendencia de dramatizar todo lo negativo, alimentar cualquier circunstancia que podría ser una piedra y convertirla en una gran montaña.

¿Qué pasaría si retáramos a este mal hábito y lo hiciéramos al contrario?

Probemos, como si de un juego se tratase, de minimizar cualquier piedra en piedrecita molesta.

Sabiendo la energía que tienes y confiando en tus potenciales debería ser así. Si todo se te hace una gran montaña es debido a tu baja energía y al mal enfoque que le estás dando.

Quitarle importancia a cualquier situación y darle la justa para resolverla cuanto antes te aliviará y allanará el camino.

Partir del punto base y reflexionar sobre tu escala de valores.

¿Qué puede ser más importante que tu salud?

Si enfermas al vehículo, te será mucho más difícil disfrutar de tu oportunidad de vida.

Por tanto, siguiendo esta reflexión tan básica deberías darle prioridad y hacer, cambiar o modificar cualquier mal hábito que te perjudique.

Si tienes la tendencia a dramatizar cualquier situación, debes de ser consciente del daño que te infringes, nada, pero nada debe ser más importante que tu propia existencia.

En casos como la pérdida de un ser querido o la ruptura de una relación, existe un periodo de aceptación debido a los vínculos emocionales creados. Pero igualmente debería ser un periodo corto si tienes claro para qué estamos aquí y qué supone la muerte, ese simple viaje de retorno y un cambio de energía condensada a energía liberada.

Todo depende del foco con el que lo mires y la interpretación que le des a las cosas.

Ante cualquier problema, miedo o frustración ten presente que nada es tan importante ni debes darle autoridad como para dañar tu sistema.

"Tu prioridad debe ser mantener la mentalidad correcta.

Nada es más importante que tu buena salud, se trata de un juego de saltar obstáculos.

Se convierte en mejor jugador y gana la partida el que los salte más rápidos y mejor".

LAURA CASADO

39.

SIMPLIFICA

"La vida humana es concentración de aliento; cuando este se concentra hay vida; cuando se dispersa, hay muerte".

Chuang Tsé

Ante grandes sensaciones de malestar, tristeza y melancolía, debes recordar que la vida es simple y la hacemos demasiado compleja nosotros mismos.

Cada día se te presentan retos y decisiones que tomar, forma parte del juego de la vida. Pero si todo lo llevas a extremo, dejarás de disfrutarla y sufrirás.

Volver a lo simple es sencillo cuando conoces la verdad y la enfrentas.

Sabes que la vida es fugaz y minuto que pierdes preocupándote, minuto que has dejado de vivir adecuadamente.

El problema es que piensas que tienes tiempo ilimitado, obviar la realidad solo te lleva a perder lo más preciado que tienes: UNA OPORTUNIDAD DE VIDA ÚNICA.

Me encanta aprender de la simplicidad de los animales. No necesitan nada que no sea básico como comer y refugiarse del frío o de altas temperaturas para ser felices.

Al observar a mis perritas reflexiono sobre la alegría, la bondad, el amor incondicional y la simplicidad.

Viven entre estos términos toda su vida y nos enseñan una gran lección.

No creo que sea casualidad que la vida de los perros sea tan corta comparándola con la del ser humano. Sabiendo que la creación es perfecta y no hay nada al azar, ¿no te preguntas por qué viven tan pocos años?

Tengo mi propia teoría, están creados para acompañarnos y enseñarnos los valores principales que debemos adquirir.

Tienen un camino corto para volvernos a refrescar la memoria de vez en cuando.

Si viviera un perro lo mismos años que nosotros, el compartir con ellos se volvería rutinario y dejaríamos de prestarles la atención suficiente, pero al saber que tiene un periodo corto de vida los disfrutamos y aprendemos mucho más de ellos.

Cada vez que uno muere, llega otro enviado lleno de mensajes que enseña sin palabras, en el estado más puro y con la mayor simplicidad transmite un gran aprendizaje.

Para un niño que está formando sus cimientos y escala de valores es un regalo del universo poder compartir y aprender de estos enviados tan especiales.

Tenemos tantas cosas a nuestro alcance que nos demuestran la belleza y simplicidad de la vida que ¿por qué vivir complicándola?

Tienes que ir mentalizado a sacarle el máximo provecho a tu paso por la tierra, disfrutando de las cosas más simples y prestándole menos atención a los enredos que producen unos y otros ignorando la auténtica realidad:

Somos parte de un conjunto gigantesco y tenemos una oportunidad enorme de contribuir en beneficio de él para nuestro propio crecimiento.

> "Hacerlo todo fácil y divertido forma parte de la simplicidad con la que entiendas la vida".
>
> Laura Casado

40.

LEVANTA TUS OJOS

"El valiente no es aquel que no siente miedo, sino el que lo enfrenta dignamente, así le tiemblen las rodillas y el cerebro".

Walter Riso

¿Por qué te crees pequeño?

Si has sufrido o sufres de inseguridades contigo mismo es porque tienes una idea muy equivocada de quién eres realmente y los grandes potenciales que albergas.

Los miedos forman parte de la supervivencia humana, pero son sanos aquellos controlados, que te permiten mantenerte con vida y no cometer excesos imprudentes.

El resto de miedos: a no ser aceptado o ser criticado por los demás, debes borrarlos de tu sistema, invalidarlos. Es tu derecho de nacimiento realizarte a tu manera y bajo tus deseos y gustos personales.

Levanta la mirada y camina orgulloso de quién eres, ya basta de sentirte inferior y bajar la mirada al suelo por temor.

¿Temor a qué?

¿A quién?

¿Qué te hace menos merecedor que otro ser humano de disfrutar libremente tu vida?

El acuerdo es ser libre sin alterar la libertad de tu prójimo.

Tanto uno como el otro tenéis el derecho absoluto a dirigir vuestra vida como se os antoje.

Si decides aprovecharla, está claro que escogerás correctamente, vivirás desde al amor incondicional, el agradecimiento más profundo y el entusiasmo que merece.

El juicio, la crítica continua, el etiquetado...

¿No te parece muy aburrido y repetitivo?

Qué cansado este tema, siempre la misma historia repetida y destructiva...

¿Cuándo seremos conscientes de la verdad?

Si estás metido en este bucle sin sentido, tienes que hacerte consciente de que no te beneficia en absoluto y debes salir de ahí, dirigir tu mente hacia nuevos horizontes y dejar de prestarle atención a lo que no lo tiene.

Si perdiste por un momento el sentido de la marcha y te dejaste manipular o dirigir por otro, es el momento de cortar con estas cadenas y hacerte 100 % responsable de ti mismo. Tienes que darte el valor que mereces, ni más ni menos.

A partir de este momento cada vez que te encuentres mirando al suelo y lleno de complejos e inseguridades debes corregirte con mucho cariño, levantar la mirada al frente y decirte:

"Soy único, especial y merecedor de lo mejor como cualquier otro ser humano".

"Siéntete orgulloso de quién eres, levanta tus ojos y camina sin miedos ni vergüenzas.

Tienes todo el derecho a representarte libremente bajo tus gustos y deseos".

LAURA CASADO

41.

ES UNA OPORTUNIDAD ÚNICA

"Solo en la realidad del presente se puede amar, despertarse, encontrar la paz, la comprensión y sentirse unido con uno mismo y con el mundo".

Jack Kornfield

Inmerso en un mar de preocupaciones, incertidumbre o estrés diario te preguntas qué es la vida sino una lucha diaria difícil de enfrentar.

Es cierto que puede llegar a verse así, te puedes llegar a cuestionar muchas cosas e incluso perder la fe en ella.

No es fácil salir de esa nube gris donde la mente te ha ido metiendo. Cada vez que has hecho la lectura de una situación que te estaba ocurriendo la has enfocado por el lado negativo que tenía según tu sistema de creencias. Esto ha ido sumando en una larga lista de desventuras personales, tristeza y desencanto.

¿Pero esto es la vida realmente?

Nada de eso, cierto es que los humanos la empleamos en muchas ocasiones erróneamente, pero no está dispuesta de esta forma. La vida es un conjunto gigantesco lleno de ocasiones y oportunidades únicas.

Se te entregan unas cartas y depende del buen jugador que seas para ir ganando las partidas.

Puedes decidir ver una derrota como un aprendizaje para hacerte mucho mejor jugador o tomártela como algo negativo y deprimirte.

Enfocar con total sinceridad la vida, sin tapujos, te allanará el camino. Saber que todos tenemos un principio y un final materializado. Aunque sea doloroso de aceptar, existe el fin del viaje, la incógnita del juego es el tiempo que te dan para jugar.

Es tu elección, disfrutar del recorrido y aprender valiosas lecciones o malgastar la oportunidad observando todo lo negativo que puedes sacar de ello.

Si fueras consciente de que la vida es una oportunidad única que solo se les da a unas pocas almas, vivirías realmente con la intensidad que merece, aprovechando cada situación y vivencia que aparece en el tablero de juego sin desperdiciar ni una.

El apego emocional a otros jugadores es el motivo principal de sufrimiento. La raíz principal de este dolor es la creencia de que cuando llega el fin de una persona o su contribución en tu juego, es un final real.

¿Y si estás equivocado?

¿Y si el jugador que gana la partida y completa su aprendizaje pasa a un nivel más elevado?

Cambiar la forma de verlo aprendiendo de los nuevos avances y descubrimientos te ayudará a modificar las formas erróneas que te enseñaron de ver la vida.

Según la ciencia (física cuántica) somos energía condensada que pasa de un estado a otro, pero no puede desaparecer. Dejando las creencias religiosas a un lado, esta visión nos indica de forma más clara que la teoría de subir de nivel no es tan loca ni alejada de la verdad.

Cuando una persona se aparta voluntariamente de tu camino o tú del de ella, está claro que es porque terminó vuestra contribución mutua. Es el momento de seguir descubriendo aliados que te permitirán aprender mucho más y conseguir más *bonus*.

Si te das cuenta, al final todo se reduce a una buena programación mental, una mentalidad que te permita vivir adecuadamente basándote en todo lo bonito y positivo que contiene la vida.

Es tu elección.

¿Qué decides?

> "Es necesario darle la información adecuada a tu mente para que enfoque correctamente la vida.
>
> Es una oportunidad única y es tu elección vivirla o malvivirla".
>
> LAURA CASADO

42.

VALIENTE JUGADOR

"Las personas que están tan locas como para pensar que pueden cambiar el mundo, son las que lo hacen".

Steve Jobs

En este juego con reglas avanza el que es capaz de aventurarse a salir de su zona conocida y descubrir nuevas formas de vida.

También el que está dispuesto a responsabilizarse de sus partidas perdidas y las acepta como parte del juego para hacerse más sabio y mejor jugador.

La valentía no es la ausencia del miedo, es el control sobre él. Miedo debería darte el pasar tu vida sin haberla vivido adecuadamente, quedándote tímidamente en una zona poco o nada confortable por miedo a descubrir nuevas cosas o a ser rechazado por los demás.

Abre tu mente y permítete vivir nuevas experiencias, desafía a todos los que estén llenos de miedo a tu alrededor y quieran impedirte que vueles más allá de lo que ellos consideran territorio seguro.

Y si te estrellas… ¿Qué?

Te levantas con tu mejor ánimo y sonrisa y continúas aprendiendo.

Te aseguro que nada puede hacerte más daño e infeliz que quedarte en una zona nociva por miedo a descubrir otra.

La reflexión que debes hacerte es que, si en tu situación actual no eres feliz y te está doliendo, como mucho puedes encontrarte con otra similar. Pero ¿y qué? ¿no la tienes ya?

Puede ser que al salir descubras situaciones negativas, pero también cabe la posibilidad de que encuentres millones positivas.

El "NO" ya lo tienes busca siempre tu "SÍ".

Nunca me gustó la frase que tradicionalmente me repetían "más vale lo malo conocido, que lo bueno por conocer".

Sin duda alguna no solo no me gusta, sino que no la comparto en absoluto, es la frase más limitante que puede haber. Encierra un miedo enorme y todo lo contrario a tu crecimiento y expansión.

Si te la repitieron una y otra vez y la tomaste por válida, forma parte de una creencia limitante que debes eliminar inmediatamente y sustituirla por:

"más vale un valiente a tiempo, que una vida desaprovechada"

Hay un mundo gigantesco y precioso ahí fuera, no te quedes con una milésima parte de la vida, es tu derecho a experimentarla al máximo. Conocer nuevas personas llenas de riqueza interior, lugares que pensaste que no existían o simplemente haciéndote consciente en este momento de todo lo bonito que ocurre a tu alrededor.

"Avanzar es desafiar a tus miedos y aventurarte a descubrir nuevas formas de vivir.

Es un acto valiente preguntarse el porqué y salir a descubrirlo, te sorprenderás con los grandes tesoros que encontrarás".

Laura Casado

43.

EL DUEÑO DE TU FUTURO

"El mejor modo de predecir el futuro es inventándolo".

Alan Kay

Miles de veces pensamos en qué será de nuestro futuro, soñamos con ser o tener, intentamos buscar información en personas con dones especiales que nos indiquen el mejor camino.

Pero la verdad se encuentra dentro de ti, tú te conoces mejor que nadie y si observas tus creencias, puedes determinar cómo actuarás en el futuro y en qué lugar te encontrarás del camino.

Siempre me llenaba de incertidumbre pensar qué sería de mí en los años próximos,

¿Sería feliz?

¿Viviría con el amor de mis sueños?

¿Tendría el trabajo ideal y además tendría una gran economía?

¿Sería saludable?

Pensaba que mi futuro estaba escrito y diseñado para mí desde mi nacimiento y que solo tenía que aceptar lo que el destino me deparase.

¿Cuántas veces te has hecho estas preguntas?

¿Te encantaría que alguien llegara a tu vida como un mensajero divino y te susurrara al oído todo lo maravilloso que sería tu futuro?

Te tengo buenas noticias, ese mensajero es tu yo interior, tu parte más auténtica, está conectada a la red energética universal y conoce todas las posibilidades de futuro que puedes elegir.

Sí, elegir, nacemos con un propósito de contribución distinto cada uno, con dones o habilidades especiales y con un tiempo de vida limitado. Pero te otorgan libertad para construir y experimentar lo que quieras ser o tener, siempre guiado por tu propósito.

El resultado final de que llegues a aprovechar o no tu vida, que te desarrolles en tus dones y cumplas con tu propósito depende de ti.

El indicador de que te estás realizando en tu mejor versión es la felicidad y la paz interior que experimentas, cuando te alejas de estas emociones es el indicador de que debes reconducir tu camino por otros senderos.

Aunque tus creencias puedan chocar con lo que te explico, concédete un momento para reflexionarlo...

Te hacen creer desde pequeño que la vida es una ruleta loca y cada uno se aguanta con lo que le toca. Tanto te lo repiten que lo interiorizas como una verdad absoluta y en el momento que alguien cuestiona esto, te cierras en banda y niegas cualquier opción de meditarlo con lógica.

Te dicen que la suerte es para unos pocos, y aceptas tu realidad como si fuera impuesta por un destino cruel.

Cuanto más leo libros de superación personal o historias de personas que sufrieron o padecieron determinados desafíos, más me convenzo de que tú moldeas tu destino.

Hay personas muy desafiadas desde su nacimiento, con grandes enfermedades que no les han impedido ser o hacer lo que anhelaban. Pero tuvieron una diferencia con el resto, decidieron que serían felices a toda costa y no se dejaron atrapar por la creencia de otros que les indicaban resignación.

La vida puede ser horrible o hermosa y todo depende de ti, de tus pensamientos, de las limitaciones que te impones y de las decisiones continuas que tomas.

Si tienes unas circunstancias duras o dolorosas tienes dos opciones:

- Resignarte y deprimirte.
- Tomar acción y solucionarlas lo mejor posible para ser feliz.

Sé que no es tan fácil como parece salir de una situación dolorosa, pero poder, se puede. Depende de lo que estés dispuesto a trabajar por ello y lo que decidas permitir como válido.

Así que, mi querido lector…eres el dueño de tu futuro.

¿Qué decides hacer con él?

"Con tus decisiones van marcando tu camino y diseñando a medida tu futuro.

Camina bajo tu elección no la de otros, eres el responsable de la vida que decidas vivir".

Laura Casado

44.

SOÑANDO SE VIVE MEJOR

"La gente tiene miedo de perseguir sus sueños más importantes porque sienten que no se los merecen".
Paulo Coelho

Pareciera un pecado a ojos de muchos tener sueños. Te tildan de soñador y poco realista.

¿Pero cuántas realidades existen?

¿Cuál es la válida?

Lo que está claro es que siendo el dueño de tu destino es totalmente lícito que sueñes y crees tu propia realidad. La que más te guste y en la que te sientas más cómodo. Vivir a gusto de los demás es imposible y una locura, pues si tienes que contentar a todas las personas de tu alrededor no vivirás años suficientes para conseguirlo.

Las personas tenemos la tendencia de vivir expectantes de lo que opinan los demás e ir modificando nuestras acciones en función de ello.

Si reflexionas, verás que es tu derecho absoluto decidir bajo tu criterio y no por contentar a los demás, sino para contentarte a ti mismo.

Cuando estableces tu forma de vida, tus horarios, las actividades que prácticas, la comida que comes y las metas que te propones, tendrás personas de tu alrededor que no serán afines a tu forma de vida y se apartarán. Otras, en cambio, descubrirán en ti la persona con la que más afinidad tienen y les encantará tu estilo de vida.

El comienzo de cualquier proyecto es soñarlo previo, imaginarte en la situación, disfrutar recreando ese sueño y lo mejor de todo, estudiar cómo llevarlo a la realidad y hacerlo posible.

Cuando una persona deja de soñar y decide dejarse llevar por los días, una parte de su interior muere, es una de las sensaciones más destructivas y dolorosas. Es matar la ilusión y el entusiasmo por la vida, sin esto, todo se vuelve oscuro y hostil.

Es parte fundamental ilusionarte cada día, tener sueños más grandes o más pequeños y llevarlos a la práctica. Es la llama que te mantiene activo, en expansión y construcción de tu mundo.

Es necesario rescatar a tu niño interior, capaz de imaginarse siendo futbolista, piloto de avión, médico o bombero rescatador, pero con muchos más aprendizajes y capacidades para convertirlo en realidad.

Pregúntate qué te encantaría hacer, busca dentro de tus habilidades más destacadas y prepárate para ello. Estudia, practica y hazlo posible. Requiere valentía, pero qué es la vida sino un acto de valor, empuje y entusiasmo.

Para todas aquellas personas que te enjuicien por hacerlo, dedícales una frase:

"¡Sí, me encanta soñar porque sé que los sueños se cumplen!"

"El inicio de un nuevo proyecto siempre es soñarlo, después tomar la decisión de convertirlo en realidad.

Soñar y crear tu propia realidad es tu derecho absoluto porque los sueños se cumplen".

LAURA CASADO

45.

NUEVO PROGRAMA

"No pidas permiso para cambiar, la transformación interior no requiere el visto bueno de nadie".

Walter Riso

Llegados a este punto donde ya conoces la realidad, que todo es una programación mental y que los resultados que actualmente tienes son fruto de las decisiones continuas tomadas desde tu subconsciente, tienes que hacerte un firme propósito contigo mismo.

Tienes que valorar las áreas de tu vida que siempre han sido tu debilidad y convertirlas en tu fortaleza.

Encontrar los mensajes limitantes y destructivos que te cuentas a diario, tu forma de enfocar las cosas y la mentalidad que hasta ahora te ha llevado a obtener estos estados de descontento y tristeza interior.

Corregirte cada vez que cojas a tu subconsciente saboteándote, y con mucho amor debes corregirle y hacer las cosas diferentes, así hasta que hayas modificado esa conducta.

Es duro admitir los errores cometidos y responsabilizarse de las circunstancias, tu ego intentará protegerte buscando respuesta en el exterior a los males que te aquejan. Pero si no eres sincero contigo mismo y no te dices la verdad, seguirás con el mismo programa el resto de tu vida.

En cambio, si con total humildad encuentras tus fallos o debilidades y las enfrentas, estarás un paso más cerca de poder corregirlas y mejorarlas.

Por ejemplo, si tu debilidad son los celos extremos cuando quieres a una persona y estos te han llevado a romper varias relaciones, sabes que es tu talón de Aquiles. Es lo que más te hace sufrir en una relación, consiguiendo que no la puedas disfrutar adecuadamente y sea una tortura tenerla.

Tienes que analizar esta debilidad y encontrar la raíz del problema. La excusa que te pondrá tu mente es que te han traicionado muchas veces y no te fías de nadie. Pero no es la realidad, el problema no está en los demás sino en la inseguridad y la falta de amor que tienes sobre ti mismo.

Cualquier persona que esté con otra y le note en sus formas de actuar el poco valor que se tiene a sí mismo, automáticamente dejará de generarle expectativa y pasará a tratarla de la misma forma que ella se trata, perderá la valía ante los ojos de esa persona.

Por el contrario, si te amas, te valoras y te respetas, está claro que te lo van a notar en cada acción que lleves a cabo, la seguridad en ti mismo cuando te dirijas a los demás a través de gestos, palabras, decisiones contundentes y sin titubeos, etc.

Tu nuevo pensamiento será: "quien no me valore, me pierde porque yo sé mi valía".

Detectando tus zonas erróneas conseguirás aprender de ellas y mejorarlas por completo, obteniendo a cambio la felicidad que anhelas tener.

Encuentra en qué has fallado y cómo lo puedes mejorar, es la única manera de crecer en cualquier ámbito, sea personal, laboral o de salud.

Con la mentalidad adecuada y un nuevo programa de creencias reestructuradas, no cabe la posibilidad de que no consigas la felicidad que deseas. Porque todo, absolutamente todo, para poder ser "algo" tiene que generarse en tu mente y después llevarlo a la realidad material.

> "Cambiando tu programa interior, conseguirás corregir los errores comunes que siempre repites.
>
> Con la mentalidad adecuada y un nuevo y mejorado programa no hay nada que te impida ser feliz".
>
> Laura Casado

46.

ES TU DERECHO

"La tierra es la madre de todas las personas y todas las personas deberían tener iguales derechos sobre ella".
Chief Joseph

¿Qué te hizo creer en algún momento de tu vida que no merecías lo mismo que otra persona?

Si estás metido en este bucle negativo de creerte poco merecedor de que te ocurran cosas buenas y das por hecho que te tocó un destino de sufrimiento y padecer, déjame decirte que ese será tu futuro.

Pues si forma parte de tus creencias, será el mensaje continuo que trasmitirás y los resultados que atraerás siempre.

Para salir de ahí, tienes que hacerte consciente de que eres tan merecedor como otro de recibir cosas increíbles, especiales y mágicas en tu vida.

Es necesario decirte palabras bonitas, cargadas de fe y positividad para cambiar estas falsas creencias por otras correctas.

El universo no distingue entre unos y otros, cierto es que te tocó nacer en un determinado lugar y bajo unas circunstancias determinadas y esto puede representar un desafío mayor, pero todos de una manera u otra recibimos nuestras lecciones de aprendizaje de forma continua al igual que podemos disfrutar de las cosas tan bonitas e increíbles que te ofrece la vida.

Eres tan merecedor como cualquier ser humano de disfrutar y vivir la vida a tu manera, si es tu deseo se te abrirán mil oportunidades para crecer y expandirte, pero es tu decisión estar receptivo y cogerlas.

Cuando naces, te enseñan el derecho de pertenencia sobre tus bienes materiales y te apegas con fuerza a ellos, cuando en realidad el derecho más grande que posees es vivir a tu forma desarrollándote y disfrutando del mundo y todo lo que ofrece como cualquier otra persona.

"Eres tan merecedor como cualquier otra persona de vivir una vida mágica llena de situaciones maravillosas simplemente por derecho de nacimiento.

El problema es que tienes que creerlo y focalizarlo correctamente para atraerlo hacia ti".

Laura Casado

47.

CUMPLE TUS METAS

"No importa la lentitud con la que avances, siempre y cuando no te detengas".

Confucio

Forma parte del entusiasmo por la vida ponerse metas y tener objetivos. Las metas son motores de cambio y superación, te mueven a realizar cualquier actividad necesaria para cumplirlas.

Son necesarias para tu salud emocional, te motivan cada día y te mantienen vivo, si no te las pones, dejas de tener un porqué para vivir, pierdes la ilusión y todo se vuelve rutinario.

La programación de tus hábitos diarios tiene que ir dirigida hacia unos objetivos claros.

No importa si te los marcas más grandes o más pequeños, pero son suficientes para mantenerte motivado y tener un "porqué" hacer las cosas.

Uno de los objetivos que mayor impulso da es la cooperación o ayuda hacia los demás, con aportar valor en tu trabajo o el cuidado hacia tu familia ya lo estás haciendo, pero, además, puedes marcarte metas más grandes.

A más grandes sean más tiempo te llevarán conseguirlas, pero también mayor será la recompensa emocional que recibirás.

El antídoto para la desilusión o la apatía es ponerte una meta que te ilusione y te dé la motivación que has perdido.

Es divertido pensar sobre las cosas que te gustaría experimentar, qué lugares visitar, qué culturas conocer o qué labor desarrollar.

Cuando tengas localizado aquello que te encantaría hacer, póntelo de meta y empieza a programar las acciones que necesitarás llevar acabo para conseguirlo.

Ten paciencia, pero no pares en el empeño hasta conseguirlo, busca estrategias, crea planes, modifícate horarios e incluso cambia de trabajo si es necesario para poder conseguirlas.

Si estás feliz en la actualidad, vives entusiasmado, está claro que tienes definidas tus metas y vas focalizado a conseguirlas, pero si no es el caso, no esperes, empieza ya.

Es la mejor fórmula de volverte a conectar con la vida y entusiasmarte de nuevo.

No malgastes tus días, vívelos, disfrútalos, realízate en lo que realmente te haga sentir espectacular porque la oportunidad es única.

"Recobrar la ilusión por la vida y volver a entusiasmarte es sencillo:

Márcate unas metas que te ilusionen y no pares hasta conseguirlas".

Laura Casado

48.

DISFRUTA TU VIAJE

"El propósito de la vida es vivirla, saborear las experiencias al máximo y buscar con entusiasmo y sin temor nuevas experiencias que nos enriquezcan".

Eleanor Roosevelt

El viaje más apasionante que harás jamás ya lo estás haciendo.

Desde que naces ya lo comenzaste, como buen viaje está lleno de aventuras, desventuras y experiencias.

No se detiene hasta su fin y te permite decidir cómo trazar tu mapa, lleno de coordenadas que tú eliges, con los compañeros con los que quieres compartir y con los que decides dejar en un punto para continuar disfrutando el viaje con otras personas que te sigan aportando aprendizajes y que te mejoren el viaje.

Es tu oportunidad, es tu viaje, tú lo diseñas y decides dónde ir y qué actividades realizar.

Habrá momentos en los que te cansarás de caminar, pero recuerda que siempre tienes la opción de descansar un poquito y disfrutar de las vistas.

Cuando ves la vida desde esta perspectiva, haces las cosas menos dramáticas y las simplificas, tienes que tener claro que se trata tan solo de un viaje lleno de aprendizajes, esto te situará de nuevo en el camino cuando lo pierdas de vista.

Hacerlo complicado, observarlo como durísimo de transitar, no te ayudará en absoluto, pero si, por el contrario, decides cambiarle el significado que le das y observarlo desde otras perspectivas más elevadas, conseguirás encontrar nuevas vías más fáciles que te ayudarán a rodear los obstáculos y continuar caminando de manera más fluida y con más sabiduría para los próximos que se te presenten.

Imagínate que has emprendido un viaje de descubrimiento hacia tierras lejanas, hay momentos que caminarás a través de valles con caminos definidos, en otras ocasiones el camino será más complicado de deducir debido a los grandes árboles y ramajes que lo cubren, pero si buscas una zona más alta que te permita tener mayor visión, podrás trazar el camino que debes seguir e incluso, escoger el más favorable para llegar al destino.

Muchas veces se trata de detenerte por un momento, observar desde la calma y encontrar una buena perspectiva que te aclare la forma de proceder para obtener lo que buscas.

"Emprendes un gran viaje desde tu nacimiento, encontrarás aventuras, desventuras y millones de cosas que experimentar, es tu decisión hacerlo bonito y ameno o pesado de transitar".

Laura Casado

49.

DECORA TU CAMINO

"No hay muchos caminos. Hay muchos nombres para el mismo camino y este camino es conciencia".

Osho

Es tu viaje, es tu camino, tú decides qué paradas haces y hacia dónde te diriges, a veces crees saberlo y cuando vas caminando decides cambiar de rumbo y explorar nuevas rutas que te parecen más atractivas. En otras ocasiones te encanta el lugar por dónde transitas y permaneces ahí durante un largo tiempo. Pero lo que realmente tienes que tener seguro es que escojas un camino u otro eres tú quien lo va a decorar y hacer bonito.

Si esto no lo tienes claro, en ningún camino te encontrarás satisfecho.

Esto se traduce a que vivas donde vivas, con unas personas u otras, cerca del mar o en la montaña, con un trabajo u otro da igual, porque la base principal eres tú, tu forma de ver la vida, tu mentalidad.

Hay personas que tienen a ojos de los demás todo lo que desearía tener otra persona y no son felices. Otros, sin embargo, pareciera que tiene pocos motivos para ser dichosos y realmente viven muy felices.

No se trata de lo que atesoras sino de la mentalidad con la que lo ves.

Si aún no tienes tu escala de valores definida, debes clarificarla e interiorizarla en tu mente subconsciente.

Organizar tus preferencias en orden de importancia para ti, eso se traduce en una buena estructura mental.

En una estructura sólida no existen fisuras, y si las hay, debes repararlas, porque de ella depende la calidad de vida que vas a tener.

Infortunios, momentos desagradables y situaciones negativas tendrás, pero depende en gran medida de tu solidez mental para superarlos satisfactoriamente o no.

En el primer lugar de la escala de valores tienes que tener:

TU VIDA

Después puede ir la vida de tus seres queridos, cuidarles, atenderles, amarles…

Porque si antepones a los demás a tu propia vida, no estás siendo responsable con la gran oportunidad de vida que te dieron.

¿Y crees que si no te ocupas correctamente de ti podrás hacerlo correctamente de los demás?

No es posible, de la única forma que puedes entregarles a las personas que amas lo mejor de ti es atendiéndote a ti primero.

Te puede parecer egoísta, pero nada de eso. Una persona incapaz de amarse y cuidarse a sí misma no podrá amar ni cuidar adecuadamente a los demás.

Cuando eres realmente feliz, transmites amor, paz, equilibrio, alegría, ilusión, buenas palabras, en este momento es en el que estás preparado para amar correctamente a los demás.

Si tu vida es tu primer peldaño en tu escala de valores, mantendrás un entrenamiento mental y físico adecuado, una correcta alimentación, cuidarás de tu vehículo para que esté sano, energético y vital.

Con una mente y un cuerpo saludable decorar tu camino será pura diversión.

Ahora estás preparado para disfrutar de las personas que te rodean, de un buen paisaje o una buena canción, cualquier situación la convertirás en positiva y vivirás la vida como se merece: intensamente.

> "El camino lo adornas tú, con una buena mentalidad todo lo que hagas será placentero y positivo. Atraerás situaciones mágicas y convertirás tu vida en un super viaje".
>
> Laura Casado

50.

QUÉ BONITO ES VIVIR

"Da vida a cosas que sean hermosas; no des vida a cosas feas. No tienes demasiado tiempo, demasiada energía para desperdiciar. En tan corta vida, con recursos tan limitados de energía, es estúpido desperdiciarla en tristeza, ira, odio, celos.

Úsala para amar, úsala en actos creativos, en la amistad, en la meditación. Haz algo con tu energía para elevarte.

Cuanto más alto llegues, mayores recursos de energía se pondrán a tu alcance".

Osho

Cuando te haces consciente del viaje tan fugaz que estás viviendo es cuando empiezas a valorarlo.

En el momento que encuentras el amor y la paz en tu interior es cuando realmente descubres lo bonito que es vivir.

Haces un repaso general de lo que ha sido tu vida hasta ahora y te haces consciente que muchas situaciones dolorosas podrías haberlas evitado con una buena gestión mental, pero esta no se adquiere hasta que pasas por grandes aprendizajes, todos los que más te enseñaron fueron los más dolorosos de aprender.

Formaban parte de tu plan universal para hacerte la persona que eres hoy, mucho más sabia, más fuerte y con una mentalidad bien estructurada.

Ahora tus debilidades debes convertirlas en tus fortalezas, coger todos tus aprendizajes como herramientas de solucionar problemas en tu presente.

Con buenas estrategias, saltar los obstáculos será fácil y tendrás más tiempo para focalizarte en disfrutar tu maravilloso viaje.

Decide bien ahora que sabes mucho más, decide ser feliz a toda costa. Elimina de tu camino a personas que ya no te permiten caminar ligero y rodéate solo de las que te impulsen y te hagan crecer.

No vivas aferrado a lo material, eres más grande, mucho más que todo eso. Disfruta de las cosas materiales que te ofrece la vida, es tu derecho, pero sin perder el auténtico propósito de vida que es ser feliz.

Eres tú el creador de todo lo que ves en el exterior. Todo absolutamente todo ha sido atraído por ti, lo bueno y lo malo.

Sin saberlo, en los inicios atrajiste desde el miedo o la queja situaciones malas u horribles, pero ahora que sabes mucho más que antes, debes vivir desde el amor y el agradecimiento por la vida, es la única manera de atraer cosas mágicas a tu vida.

Sé consciente de que tienes tres cuerpos que cuidar, tu cuerpo físico, energético o mental. Los tres requieren de tu atención.

El cuidar solo uno u otro no te dará la felicidad completa, necesitas mimar y atender a los tres por igual.

VIVE, ES UN REGALO APASIONANTE

Es muy común ver a personas que solo se centran en lo espiritual, lo que sería tu cuerpo energético y otras, en cambio, viven solo para cuidar y adorar el físico. Tanto unos como otros están cometiendo el error de desatender el resto.

No se trata de buenos o malos, pareciera que las personas que se cuidan físicamente son más materialistas o menos buenas y las espirituales son mejores.

No tiene nada que ver puesto que tan importante es cuidar de tu vehículo de transporte, del que dirige, como del que suministra la energía. Lo que es lo mismo: tu cuerpo físico, mental y energético, sin que eso sea malo sino todo lo contrario, es lo correcto y necesario para agradecer correctamente a tu creador por esta gran oportunidad de vida.

> "Aprecia la vida, es la gran oportunidad que te concedieron, honra a tu creador y vívela como mereces.
>
> Cuídate y trátate con mimo, tienes una mente brillante que bien conducida puede crear una vida de felicidad y alegría.
>
> ¡Vive, es un regalo apasionante!"
>
> Laura Casado

Todas estas páginas están escritas desde mi corazón para ti mi querido lector, con la mejor energía e intención para que puedas vivir una vida llena de alegría y felicidad, para ayudarte a reconocer tu verdad y desarrollarte en tu mejor versión.

Todo, absolutamente todo, es controlado por tu mente, cuanto más llegues a conocerla y más atenciones le des mejor calidad de vida tendrás en cualquier aspecto de ella, ya sea afectivo, de relaciones, económicas o de salud.

El pasado no podemos cambiarlo, pero sí aprender de él y construir un futuro brillante.

Con todo mi cariño,

Laura Casado.

Quiero agradecerte a ti, mi querido lector, que hayas confiado en mí y dedicado una parte de tu valioso tiempo en leer este libro.

Espero realmente haberte podido ayudar a conocerte mejor, a cuidarte y amarte como mereces.

Si te ha inspirado o te ha servido, me encantará saberlo. Puedes escribirme a mi email **lauracasado.oficial@gmail.com** o enviarme tu mensaje o foto con el libro por Instagram o Facebook, contándome tu experiencia y cómo te ha ayudadoJ

Mil gracias,

Con mucho amor de una mera aprendiz de la vida...

LAURA CASADO.

AGRADECIMIENTOS

Mi agradecimiento más profundo a mi Creador por esta oportunidad de vida, a mis padres que me enseñaron la constancia y perseverancia cargadas de amor, a toda mi familia que de una forma u otra me han enseñado grandes aprendizajes, a todos mis amigos que me aman tal cual soy, a mis profesoras Basi y Rosarito que desde pequeña me transmitieron el amor por la docencia, valores humanos, educación y siempre confiaron en mí, y muy especialmente dedicado a la que es mi inspiración, mi hija, con el mayor deseo de que ante todo sea una buena persona llena de amor y felicidad.

Os Amo,

Mil gracias.

Laura Casado.

LAIN GARCÍA CALVO

Quiero hacer un agradecimiento muy especial a mi mentor, por tanto, como ha hecho por mí desde que lo conocí a través de sus libros, eventos y más adelante con su mentoría.

Desde pequeña he leído y aprendido de muchos, pero nunca de alguien como él, es un ser humano espectacular, lleno de vida y energía, que inspira y enseña desde el corazón.

Posee una gran sabiduría y un gran crecimiento interior que no duda en compartir a corazón descubierto.

Me ha enseñado de manera organizada y muy clara las leyes metafísicas y cuánticas, en varios libros las leí, pero nunca tan bien explicadas y de forma tan entendible.

Tiene el equilibrio perfecto que siempre necesité para aprender las cosas, ese lado lógico y científico unido con una maravillosa parte espiritual.

Gracias a él lo entendí todo muy rápido, resolví muchas incógnitas que tenía y me inspiré de su fortaleza emocional.

Pero lo que aún me sigue fascinando es la capacidad de mostrar confianza absoluta por las personas en las que cree, ir sin coraza como si de un niño inocente en el fondo se tratase, que cree y confía en que existen buenos seres humanos.

Sin duda, un ejemplo a seguir, pues me ha conectado con la parte más auténtica que vive en mí.

Si realmente quieres dar respuesta a muchas cosas que aún no se la encuentras, aprender cómo funcionan las leyes universales y generar grandes abundancias de salud, dinero y amor, te recomiendo leer su saga *LA VOZ DE TU ALMA* cada uno de sus libros está lleno de sabiduría, claridad y verdad.

Para ti amado Lain,

Mil gracias por formar parte de mi vida.

LAURA CASADO.

SÍGUEME EN MIS REDES SOCIALES

 Laura Casado oficial

 lauracasadooficial

 Laura Casado Oficial

 www.lauracasado.es/net

 lauracasado.oficial@gmail.com

www.ingramcontent.com/pod-product-compliance
Lightning Source LLC
Chambersburg PA
CBHW031312150426
43191CB00005B/196